目的別! 仕事で使える

AI
活用事典

加納敏彦
TOSHIHIKO KANOU

きずな出版

はじめに

最新AIを使えば、仕事はもっとラクで速くなる

》 私たちの仕事に与える衝撃

　私たちは、いままさに歴史的な転換期にいます。生成AI、特にOpenAI社のChatGPTが登場して以来、AIが私たちの仕事や生活にどんどん深く入ってきています。

　これまでの「自分でがんばって仕事をする」スタイルから「AIと共に仕事をする」という、まったく新しい時代がもう始まっているのです。

　たとえば私は、これまで自力で本の執筆をしてきました。企画書やすべての原稿を自分で書いていたので、執筆に短くて3カ月、長い時は6カ月がかかっていました。

　でもいまは、ChatGPTがアシスタントをしてくれるようになりました。本1冊分の原稿の叩き台すら、たった1～2時間で作ってくれるのです。私はその原稿を基に加筆と修正をしていきます。

　ChatGPTにサポートしてもらうようになって、これまで3カ月以上かかっていた執筆が、たった1カ月で終えられるようになったのです。つまり**仕事が3倍以上速く終わるようになった**わけです。

　そのおかげで2024年は、他の仕事も多くある中、『ゼロから稼げるChatGPT入門』や本書など、3冊の本を執筆することができました。これはChatGPTがなければ絶対に不可能でした。

》 AIがもたらす「新しい時代」の幕開け

　これまでの仕事は、人間が一つひとつの仕事を自分で一から考えて、

自力でこなすことが求められていました。しかし、生成AIの登場によって、仕事のあり方は大きく変わりました。

たとえば、文章の執筆やデータ分析、さらにはクリエイティブな仕事まで、**私たちが指示を出すだけで、AIが驚くべきスピードと正確さでこなしてくれるようになりました。**すべての仕事を最初から最後まで自分で行う必要がなくなったのです。

» 試しに使ってみたけれどよくわからない……!?

このように、AI（人工知能）が私たちの仕事や働き方に劇的な変化をもたらしています。一方で、その急速な進化に「AIを仕事に活かしたいけど、どうすればいいかわからない」と悩む方も増えています。

「すごい時代になってきているのはわかるけど、AIはなんだかよくわからない」

「試しに使ってはみたけれど、仕事にうまく使えない」

このようにAIの進化の速さに「ついていけない……」と感じている方もいるかもしれません。

また、AIの急激な進化に不安を感じている方も少なくありません。

「AIに仕事を奪われるのでは」

「自分の役割がAIに取って代わられるのでは」

このような不安を感じている方もいると思います。実は私自身も、同じような不安を抱えていました。

しかし私は、あるとき大切な気づきを得ました。それは、**不安を逆手に取ればいい**ということです。不安は成長の原動力に変えることができる。そう気づいたのです。

» AIを「使いこなす人」と「仕事を奪われる人」

新しい時代がやってきたことで、私たちは2つの選択肢を突きつけられています。

1つは「AIをうまく活用して、仕事の成果を大きく伸ばす道」。もう1つは「AIを使いこなす人に仕事を奪われる道」です。

半導体メーカー、エヌビディアのジェンスン・フアンCEOは2023年にこのように言いました。

> 「AIに仕事を奪われると心配する人もいるが、AIに精通した人に仕事を奪われることになるのではないか」

私も同じように考えています。

AIが直接、私たちの仕事を奪うのではありません。**AIを使って効率的に仕事をこなす人に仕事がどんどん集まる**のです。その結果、AIを使えない人は、気づかないうちに仕事を失ってしまいます。

この違いは、AIの知識や技術に詳しいかではなく、「AIをどう捉えるか」が大きなカギになります。つまり**AIを「仕事や生活のパートナー」として受け入れ、協力する姿勢**を持つのです。

そうすることで、私たちはAIの力を借りて、いままで以上に高いレベルの仕事に挑戦できます。たとえば、ビジネスの企画をAIと共に考えたり、マーケティング戦略をAIにサポートしてもらったりすることで、より少ない時間で大きな成果を上げられるようになるのです。

そのための具体的なAI活用ガイドを、本書でお届けします。さらに今回、素晴らしいプレゼントを特別に3つ用意しています。本書とこのプレゼントがあれば、AI活用のノウハウがとても身につけやすくなります。詳しくは本書の最後に記載しています。ぜひお楽しみに。

» 「共に歩む」ための一歩を踏み出そう

いま、AIの世界ではChatGPTが独走しています。**ChatGPTを使うだけで、かなりの仕事がすばやくできる**と考えています。

また生成AI全体としても、ますます進化しています。いろいろな会社が新しいAIサービスを作り出していて、私たちがAIでできることも増えているのです。最近は**各サービスの特徴がはっきりしてきたので「この仕事にはこのAIがいいかも」といった選び方もできるようになりました。**

本書では、文章・ネット検索・画像・動画などの事柄ごとに、各社のサービスの強みや使い方を事典のようにわかりやすく紹介しています。

たとえば「○○をするならこのAIが便利」といった感じで、目的に合わせた使い分けができるようになります。ChatGPTをメインにしつつ「もっと専門的なことをAIにやらせたい」と思うなら、他のサービスも組み合わせて使うのがよりよい選択です。

また、AIの活用にあたっては「著作権の問題は大丈夫？」などと心配する方もいるかもしれません。本書を書くにあたって弁護士に確認し、「何に気をつけたらいいのか」「どうしたら安全に使えるのか」も具体的に解説しています。

本書を読むことで「よくわからずにAIを使って違法になってしまう」といった心配がなくなり、AIを安心して活用できるようになります。

この本を通じて、**あなたが自分により合ったAIを見つけ、上手に活用して、日々の仕事や生活をもっと速く、そしてもっと楽しくできるようになる**ことを願っています。

目的別！ 仕事で使える
AI活用事典
目　次

はじめに

最新AIを使えば、仕事はもっとラクで速くなる ………………………… 2

序章
AIと一緒に進化するか？
取り残されるか？ の分岐点

AIで大きく変わる「仕事の基準」 ……………………………………… 14

AIを使いこなすには「勇気」がいる …………………………………… 17

AI時代こそ「自分らしさ」を追求しよう ……………………………… 20

序章のポイント ………………………………………………………… 22

用語についてのQ&A

● そもそも「AI」とは何ですか？ ………………………………………… 23

● 「生成AI」とは何ですか？ ……………………………………………… 23

● 「AI」と「生成AI」の違いは何ですか？ ……………………………… 24

第1章
人間のように話し、
人間のように考える！
最先端のAIは何ができるのか？

1-1 SF映画やアニメで夢見た未来が

　　 AIの力で現実になり始めた …………………………………… 26

1-2 難しい問題を自ら「深く」考える次のステージへの扉が開かれた ……… 28

1-3 「高度な音声モード」の進化で

AIが人間のように話し始めた！ ……………………………………… 31

1-4 自分の分身アバターを安価に生成、

リアルタイムで話せるように！ ………………………………………… 35

1-5 ハリウッド映画のような

「本格的な映像」も自在に作れる！ …………………………………… 39

1-6 AGI（汎用人工知能）の実現が見えてきた …………………………… 43

🔆 第1章のポイント ……………………………………………………… 47

用語についてのQ&A

◉「AGI」とは何ですか？ …………………………………………………… 48

◉ChatGPTの「GPT」とは何ですか？ …………………………………… 48

第**2**章

AIに助けてもらえば

上手な「プロンプト」が誰でも簡単に作れる

2-1 AIの進化で「指示」を考えるのも簡単に！ …………………………… 50

2-2 うまく指示を出すために生成AIの「仕組み」を押さえよう ………… 52

2-3 たった3つのコツでAIの出力が劇的に変わる！ …………………… 54

2-4 3つの実践テクニックで指示と修正の「達人」になれる ………… 58

2-5 AIが質問するように指示を出して自分の創造性を広げよう ……… 63

🔆 第2章のポイント ……………………………………………………… 65

指示についてのQ&A

◉AIの出力を、どこまで信用していいですか？ ……………………… 66

◉機密情報などを指示に入力しても大丈夫ですか？ ………………… 66

第3章 ChatGPTなどの AIアシスタントで
面倒な「文章」も1分でうまく書ける

3-1 人気の「AIチャットボット」から
自分に合うAIアシスタントを見つけよう 68

3-2 シェア1位であり続けている
ChatGPTの「革新性」と「総合力」
- 驚くような体験が待っている! 70
- ChatGPTを最大限活用する方法 73
- ビジネスに活用するなら有料版を 76
- AIが「深く考える」時代に突入! 79
- 文章の添削も修正もすべてお任せ 81
- あなたの分身を作って仕事を倍速化! 83

3-3 「Microsoft Copilot」がWord、Excel、
Outlook、Teamsに革命を起こす? 86

3-4 Gmail、Google ドライブと連動できる
Google「Gemini」の統合力 91

3-5 AIをより安全に使いたい人には「Claude」がお勧め 97

- 第3章のポイント 103

用語についてのQ&A

- 「AIチャットボット」とは何ですか? 104

第4章 調べものも一瞬！「AI検索」なら まとめる時間も大幅に節約できる

4-1 「ググる」が時代遅れになる？　新登場の「AI検索」の魅力 ⋯⋯⋯⋯ 106

4-2 AIが広く調べて、わかりやすく整理！
「Perplexity」が変える検索の方法 ⋯⋯⋯⋯⋯⋯⋯⋯⋯⋯⋯⋯⋯⋯⋯ 109

4-3 ブログのように整理してまとめてくれる
「Genspark」がいまなら無料で使える！ ⋯⋯⋯⋯⋯⋯⋯⋯⋯⋯⋯⋯ 113

4-4 検索の結果を素早く要約してくれる！
Googleの「AI Overviews」も便利 ⋯⋯⋯⋯⋯⋯⋯⋯⋯⋯⋯⋯⋯⋯⋯ 116

4-5 OpenAI社が検索の覇権も狙う！
AI検索「ChatGPT search」を開始 ⋯⋯⋯⋯⋯⋯⋯⋯⋯⋯⋯⋯⋯⋯ 119

💡 第4章のポイント ⋯⋯⋯⋯⋯⋯⋯⋯⋯⋯⋯⋯⋯⋯⋯⋯⋯⋯⋯⋯⋯⋯⋯⋯ 121

エラーについてのQ&A

◉AIサービスを使っていると、エラーで止まってしまいます。 ⋯⋯⋯⋯ 122

第5章 絵心やセンスがなくても大丈夫！ プロ並みの「イラスト」がAIで作れる

5-1 安心して使えるサービスを選ぼう ⋯⋯⋯⋯⋯⋯⋯⋯⋯⋯⋯⋯⋯⋯⋯ 124

5-2 言葉で伝えるだけで簡単に絵が描ける
ChatGPT「DALL·E 3」の魅力 ⋯⋯⋯⋯⋯⋯⋯⋯⋯⋯⋯⋯⋯⋯⋯⋯ 126

5-3 日本的な画像を作りたいなら
Googleの「Imagen 3」が高品質 ⋯⋯⋯⋯⋯⋯⋯⋯⋯⋯⋯⋯⋯⋯⋯ 130

5-4 芸術的な画像は、Web版も開始した
「Midjourney」がお勧め ……………………………………… 133

5-5 企業の活用や商用利用には「Adobe Firefly」が一番安心！…… 137

💡 第5章のポイント ……………………………………………… 141

「AIと著作権」についてのQ&A①

● そもそも「著作権」とは何ですか？ ……………………………… 142

● AIで作った作品に著作権はありますか？ …………………………… 142

第6章

「動画」の作成も
AIで簡単に！　誰でもできる、
カッコいい「映像」の作り方

6-1 「動画制作」にAIを活用する新時代がまもなく始まる ………… 144

6-2 動画生成を「無料」で試せる！　特にお勧めのAIサービス3選 … 146

6-3 Adobe社が大手として初めて開始！
「Adobe Fireflyビデオモデル」に注目 ………………………… 155

6-4 OpenAI社の動画生成AI「Sora」が
映像制作の本命になる ………………………………………… 157

6-5 Googleが開発した動画生成AI「Veo」は
プロの映像制作者にお勧め …………………………………… 160

6-6 Meta社も参戦！ SNSを大きく変える
「Movie Gen」の魅力 ………………………………………… 163

💡 第6章のポイント ……………………………………………… 165

「AIと著作権」についてのQ&A②

● AIで自分が作ったものが偶然、別の人の作品と似てしまったら、
著作権の侵害になりますか？ ………………………………… 166

第7章 まだまだある！仕事をもっと楽にする「無料」で使えるAIツール4選

7-1 「文字起こし」や「議事録」も

AIを使えばあっという間に完成！ ……………………………… 168

7-2 デザインツール「Canva」のAI機能で

プロのようなデザインがサクッと作れる ……………………… 171

7-3 AIが作詞・作曲・演奏・歌まで！

音楽生成の「Suno AI」を使ってみよう ……………………… 174

7-4 あなたの分身が無料で作れる！

「HeyGen」でAIアバターを作成しよう

◉簡単&無料で高クオリティー！ ……………………………… 176

◉これを見ればアバターの制作手順は完ぺき！ …………… 178

💡第7章のポイント ……………………………………………… 187

おわりに

あなたの可能性はAIでさらに広がる …………………………… 188

読者の方限定！

3大プレゼントのご案内 ………………………………………… 192

※本書は、あくまで情報の提供を目的にしたものであり、いかなるビジネスや投資などの推奨・勧誘を行うものではありません。本書の情報を利用した結果として何らかの損失が発生したとき、著者・協力者および出版社は、理由の如何を問わず、一切の責任を負いません。ビジネスや投資などに関わる最終決定は、ご自身の判断でお願いします。

※本書の情報は2024年11月時点のものであり、法律・制度などは予告なく変更になる場合があります。特にAIの分野は変化が速いです。細心の注意を払っていますが、情報の正確性や完全性を保証するものではありません。制度や法律などの詳細などについては、各行政機関や専門家に直接お問い合わせください。

※本書は、AIの専門用語や法律用語などを一部、わかりやすく表現し直しています。正しい用語が知りたいときは、各行政機関や専門書などでお確かめください。特に「AI」「生成AI」という表記を意図的に混合させて使用しています。

序章

AIと一緒に
進化するか？
取り残されるか？
の分岐点

　AIは、もう特別なものではなく、私たちの仕事や生活に
深く関わっています。序章では、AIがどのように仕事の基
準を変えているのかを見ていきます。
　効率やスピードがこれまで以上に大切な時代に、AIを活
用することは、成功のカギになってきました。
　AIを取り入れれば、仕事はより速く、そしてラクに進め
られるようになります。これからの時代にどう向き合うか、
あなたが選ぶ未来を考えるヒントを提供します。

AIで大きく変わる「仕事の基準」

AIは、私たちの仕事の進め方はもちろん、基準も大きく変えています。効率とスピードがより重要視される時代に入ったのです。

» 「速さ」こそが現代に求められるキーワード

AIの急速な進化は、私たちの働き方に劇的な変化をもたらしています。その中でも一番大きな変化は、**スピードがかつてないほど重視されるようになった**ことです。これまでのビジネスにおいても、スピードは大切でしたが、AIが登場したことで、その基準はさらに引き上げられました。いまや**「いかに速く仕事をするか」**が成功と失敗を分けるカギになっています。

» 「AIを活用して高速で仕事をする人」と比較される

これまで、仕事の質は主に人間のスキルや経験に依存してきました。しかしAIが広まってきて、同じ仕事を人間とAIが競うような状況が生まれています。

たとえば、**人間が１時間かけて書いたレポートと、AIが数秒で書いたレポートが、同じ基準で評価される**のです。

ここで問われるのは成果だけです。AIが数秒でできる仕事に、わざわざ人間が１時間かけていては、比較の土俵に立つことすら難しくなってきているのです。

» AIという「車」に乗れば、誰でも速く走れる

この状況は、レースで例えると分かりやすいでしょう。もし「自分で走る」か「車に乗る」かが選べるレースに参加するとしたら、どちらを選びますか？　誰もが車に乗ることを選ぶはずです。

それと同じように、いまの仕事の環境では、AIという「車」を使わずに走ることは、その場に取り残されることに等しいのです。

たとえば私が研修に入っているある会社では、これまで企画書の完成に1週間ほどかかる社員がほとんどでした。しかし、ChatGPTをマスターした人は1日で完成できるようになりました。1週間と1日では、仕事の生産性が5〜7倍も変わります。

スピードと効率が新たな仕事の基準となったいま、AIを活用することが仕事の必須条件になりつつあります。仕事でAIを使う環境にない人は、活用している人たちがこういう状況になっていることに気づきにくいので、特に注意が必要です。

» 人間との「役割分担」を考えよう

ただし、これはAIに全てを任せることを意味しているわけではありません。人間がAIより優れている部分もまだまだあります。

それは**「決定すること」**と**「決定の責任を負うこと」**です。これは現状、AIにはできず、人間がすることです。

AIの役割	人間の役割
●指示されたことを正確にこなす ●マニュアル化された業務をこなす ●決まった手順をスピーディーに 　こなす	●クリエイティブで戦略的な仕事 ●決定する ●決定の責任を負う

序章　AIと一緒に進化するか？ 取り残されるか？ の分岐点

重要なのは**どの仕事をAIに任せるべきか、そして自分がどこに力を注ぐべきかを判断する力**です。AIがスピーディーに処理できるものはAIに任せて、自分はよりクリエイティブで戦略的な仕事に集中する。この分業が、これからの仕事のスタンダードになるでしょう。この変化にいまから急いで備えるべきです。

» 中小企業や個人にも広がるチャンス

　AIのスピードによる恩恵は、資金力のある大企業だけではありません。中小企業や個人事業主にも大きなチャンスを提供しています。なぜなら、これまで大きな資源やたくさんの人材を持つ大企業にしかできなかったことが、AIを活用することで、少ない人数や予算でも実現できるようになったからです。また、小回りの利く小さな組織や個人の方が、歴史や慣例などによる抵抗が少なく、AIの導入によって大きな成果を出しやすいでしょう。

　たとえば、外注すると高額になる動画編集やデザインのような専門的な仕事も、AIを使えば、プロのような仕上がりを社内の制作でも実現できるようになりました。
　このように、AIはビジネスのスピードを上げるだけでなく、これまでの資金や規模の格差を埋める力も持っているのです。

» いまこそ、仕事の基準を見直そう

　ただし、この変化に対応するには**私たち自身が仕事の基準を見直す必要があります。**一つひとつの仕事に丁寧に取り組むことも重要です。しかしAIができる部分はAIに任せることも、同じくらい大切です。
　AIがもたらすスピードと効率は最大限に活かしながら、人間の創造性や価値を最大化する。「言うは易く、行うは難し」とはまさにこのことですが、それが要求される時代がもう始まっているのです。

AIを使いこなすには「勇気」がいる

序章

AIと一緒に進化するか？ 取り残されるか？ の分岐点

AIの活用には、技術だけではなく、これまでの方法を手放す「勇気」が必要です。AI活用の感情的な面について、この項で解説します。

» AI活用に必要な「勇気」とは？

AIが私たちの仕事や生活に深く入りつつあるいま、活用するために必要なのは、技術への理解だけではありません。

意外に感じるかもしれませんが**AIを使いこなすためには「勇気」が必要**です。**この勇気は、これまで自分が信じてきた仕事の進め方や価値観を見直して、それを手放すためのもの**です。

AI時代を生き抜くためには、これまでの枠組みにとらわれず、新しい可能性を受け入れる勇気が欠かせません。

» 「心理的なハードル」を越えよう

なぜAIを活用するのに勇気がいるのでしょうか？

第1に、**変化への恐れ**が大きな理由です。AIを導入することは、これまでの仕事の進め方を大きく変えることを意味します。長年積み上げてきたスキルや経験に自信を持っている人ほど、未知の技術や新しい方法に対して不安を感じるものです。

人は、慣れ親しんだ方法に安心感を抱き、新しいことに挑戦する際には心理的な抵抗を覚えます。

AIを使うことで「これまでの自分の進め方が無駄になるのではないか」「自分の役割がAIに奪われるのではないか」という恐れが湧いてくるのは、自然な反応です。

17

» 必要なのは、変化を受け入れること

しかし、この変化への恐れを乗り越えることが、AI時代における適応への第一歩です。私たちはこれまで、技術の進歩に伴って多くの仕事が変わり続けてきた歴史を持っています。

たとえば、産業革命のときには手作業が機械に置き換わり、多くの人が新しい技術に適応するために努力しました。近年のIT革命では、コンピューターやインターネットが私たちのビジネスのあり方を一変させました。手作業や紙ベースでしていた仕事がデジタル化され、新しいスキルや知識を身につけざるをえませんでした。同じように、いま私たちはAIという新しい技術の波に直面しています。ここで必要なのは**変化を受け入れ、新しい可能性を見つける勇気**です。

» スキルや知識への執着と向き合おう

もう１つの大きな理由は、**自分がこれまで身につけてきたスキルや知識への執着**です。特に、自分の仕事のスキルや専門知識に自信を持っている人にとって、AIがそのスキルを代替できることは、自分の価値が脅かされるように感じるかもしれません。これまで一生懸命に学び、経験を積んできたものが、AIによって簡単に置き換わるという現実は、ショックであり、拒否反応が起きるのも当たり前です。

» 「新しいチャンス」と捉えよう

ここで**大切なのは、AIを脅威と見るのではなく、新しい価値を生み出すチャンスだと捉えること**です。AIを活用することで、これまで自分が苦手だった部分や時間のかかる作業をAIに任せて、自分の強みをさらに発揮できる環境を整えることができるかもしれないのです。

たとえば、AIがデータ分析や調査を高速で行ってくれれば、私たちはクリエイティブなアイデアを考えることや、戦略的な決定に集中すること

ができます。AIに頼ることで、自分のスキルや知識をより深く、そしてより広く活用できる場面も増えるのです。

≫ いままでの「価値観」と「働き方」を手放すとき

　このように、**AIとのパートナーシップの可能性を追求するには、これまでの自分の価値観や働き方を手放す勇気**が必要です。AIに仕事の一部を委ねることで、本当にやりたいことへと集中できるようになります。創造的な仕事や自己成長に時間を割くことで、私たちの人生はより充実したものになるのです。

　この勇気を持てる人こそが、AI時代において幸せを手にすることができます。**変化を恐れず、新しい技術を積極的に受け入れ、AIと共に働く。それによって、仕事の成果はもちろん、より豊かな時間や自由な人生を手に入れることもできる**のです。

　これからの時代は、AIを「敵」「ライバル」として見るのではなく、共に未来を築く「パートナー」として受け入れることが、豊かな人生を築くためのカギとなります。

AI時代こそ
「自分らしさ」を追求しよう

AIは単なるツールではなく、自分の強みや個性を引き出す心強いパートナーです。この項では、AIとの理想のパートナーシップについて解説します。

» 「自分らしさ」を引き出すパートナーにしよう

　AIは、単なる仕事の効率化ツールではなく、実は**自分の本質的な強みや価値観を最大限に引き出すためのパートナー**です。

　これまでAIは、主に繰り返しの業務やデータ処理などの効率化の面で語られてきました。でも私たちが本当に活用すべきは、AIが私たちの創造性や個性を引き出し、人生や仕事において「自分らしさ」を発揮するサポート役としての使い方です。

» AIで「自分の強み」に集中する環境を作ろう

　まず、AIを活用することで、**本当にやりたいことに集中できる時間と環境**を手に入れることができます。

　たとえば、これまで多くの時間を費やしてきた細かい作業やルーチンワークをAIに任せることで、私たちは自分の本質的な強みを発揮するための時間を得ることができます。

　想像してみてください。煩雑な事務作業やデータ処理から解放され、もっと自由に考える時間が増えたらどうでしょうか？　その時間を使って新しいアイデアを生み出したり、自己成長に向けた新たなスキルを磨いたりすることができるのです。

»「創造性」を引き出す相棒になる

　創造性を引き出すサポート役として、AIを活用する方法もあります。具体的には、AIはブレインストーミング（自由に意見を出し合う会議）の相手としても適任です。

　何かアイデアを出すとき、AIに質問を投げかけたり、仮説を検討させたりすることで、私たちが思いつかない新しい視点を与えてくれます。AIはデータに基づいた提案をしてくれるので、私たちはその情報を基にさらに創造的な発想を広げることができるのです。

　たとえば、ChatGPTの「高度な音声モード」（P31）を使えば、人間のように話すAIと音声で会話しながら、これらを行えます。また、P63ではプロの作家がしている「ChatGPTを活用して創造性を広げる方法」を紹介します。

»「個別のサポート」で効率化を加速

　また、**AIを自分用にカスタマイズ（改良）することで、私たち一人ひとりのニーズに合ったサポートをさせることができます。**

　たとえば、AIは私たちの好みや価値観、仕事の進め方を学習して、それに基づいてベストな提案やサポートを提供してくれます。これは、ChatGPTの「カスタム指示」（P74）や「GPTs機能」（P83）などを使えばもう実現可能です。AIのカスタマイズによって、より効率的に仕事を進めることができるのです。その結果、私たちは自分の「らしさ」を最大限に発揮できるような働き方が実現できます。

　結局のところ、AIを活用する最大のメリットは、**私たちの本来の「強み」や「自分らしさ」を最大化できる環境を整えてくれる**ことにあります。AIは単なるツールではなく、私たちが本当に輝くための「パートナー」になってくれるのです。そうするためのAIの活用法を次の章から解説していきます。

序章

AIと一緒に進化するか？ 取り残されるか？ の分岐点

序章のポイント

◉ AIは仕事の基準を大きく変え、
スピードと効率がこれまで以上に重要な時代に。
人間とAIが同じ基準で評価される場面も増えている。

◉ 人間はAIに任せるべき仕事を見極めて、
創造的かつ戦略的な仕事に集中することが求められる。
これが新しい仕事のスタンダードになる。

◉ AI時代を生き抜くには、これまでの価値観を手放して、
変化を受け入れる「勇気」が必要。
特に、新しい技術への恐れを乗り越えることが大切。

◉ AIは自分らしさを引き出すパートナーと捉えることが大切。
ルーチンの作業はAIに任せて、
私たちは創造的な活動や自己成長に集中しよう。

用語についてのQ&A

AIについて勉強を始めた方から
よくいただく用語の質問や疑問、
不安などにお答えします。

序章 AIと一緒に進化するか？取り残されるか？の分岐点

Q1 そもそも「AI」とは何ですか？

A 簡単に言うと**人間の知能を真似るコンピューターの技術**です。たとえば、私たちがしている計算や判断を、コンピューターが自動で行ってくれるのがAIです。

AIは日本語では**「人工知能」**と訳されています。「Artificial(人工の、人造の) Intelligence(知能、知性)」の略です。

スマートフォンに話しかけると答えてくれる音声アシスタントや、自動で顔を認識して写真を撮る機能、ネットで商品をおすすめしてくれるシステムなども実はAIの一例です。AIは、多くの情報を使って、パターンを見つけたり、予測したりすることができます。

Q2 「生成AI」とは何ですか？

A 生成AI（Generative AI）は、**新しいものを「作り出す」AI**です。このAIは、私たちが言ったり書いたりした指示から、過去に学んだデータを基に**文章や画像、音楽などを新しく作る**ことができます。

「Generative」は「生成する、作り出す」という意味です。これに「AI」という単語が加わることで、**新しいデータやコンテンツを生み出す人工知能**を指す表現となります。

23

Q3 「AI」と「生成AI」の違いは何ですか？

A 「AI」は人間の知能を真似るコンピューターの技術です。「生成AI」はその中でも、技術を使って新しいコンテンツを生み出すことができるAIを指した言葉です。AIと生成AIは別物ではなく、意味が重なる言葉です。

● 「AI」と「生成AI」の関係

 本書は、AIを初めて学ぶ方にわかりやすく解説するために、「生成AI」についても、意味が通じるところは「AI」という表現にしています。意味を正確に区別したいときは、このQ&Aを参考にしてください。

第 1 章

人間のように話し、
人間のように考える！
最先端のAIは
何ができるのか？

　　AIがまるで人間のように自然に話し、考え、私たちの仕事を変える時代が到来しました。

　　第1章では、ChatGPTの「高度な音声モード」やGoogleの「Gemini Live」といった最新技術が、私たちの仕事やビジネスにどのように影響を与えるかを詳しく探ります。

　　AIが通訳や接客、さらにはカウンセリングまで行うことで、仕事やコミュニケーションの方法が大きく変わりつつあるのです。この変化をいち早くつかみ、活用しましょう。

1-1

SF映画やアニメで夢見た未来が AIの力で現実になり始めた

半年〜1年前には想像もできなかった技術が、いまや私たちの日常に入り込み、生活や仕事を大きく変え始めました。それについて解説します。

» 夢のような未来が次々と現実に!

「こんなことができたらすごいな」と人類が思っていたことが、いま、次々と現実になっています。ほんの半年前や1年前には「まだまだ先の話」と思われていたことが、現実のサービスになっているのです。

たとえば、AIがまるで人間のように自然に話し、難しい問題を自分で考えて解決するようになりつつあります。またプロ並みの映像を誰でも簡単に作れるようになったり、自分の分身アバターがAIによってリアルタイムで話すようになったりと、生成AIの技術がすごいスピードで進化しています。

SF映画やアニメで描かれていたような未来が、次々と実現しているのです。

» 使わない選択肢はもうない

そんな現在、AIを使いこなせるかどうかは、これからの仕事やビジネスの成功に直結する、とても大切なカギとなっています。

もはやAIは「使うか使わないか」ではなく、「何をどう効果的に使うか」の問題に移っています。**AIを使わないと取り残されてしまう時代になりつつある**のです。

たとえば、次の項で紹介するChatGPTの最新機能「OpenAI o1」（P28）や「高度な音声モード」（P31）などの技術は、AIがまるで人間のように考え、話すことを可能にしてしまいました。さらにChatGPTのこれらの最新機能が、スマートグラス（P33）をかけてハンズフリーで使えるようになります。

これは単に新しいツールができたという話ではなく、**私たちの仕事の仕方や生活そのものを変える大きな転換点**です。

今後もAIはさらに進化し、より高度な意思決定やマーケティング、さらには経営判断までサポートできるようになります。

»「知る」ことからすべては始まる

このように、最新のAIは信じられない速さで進化し、私たちの生活や仕事に大きな影響を与え始めています。

そのAIの恩恵を受けるためには、AIがいまどんな状況にあるのかを「知る」ことが大切です。AIで何ができるようになり、私たちの世界をどう変えようとしているのかを理解できれば、新しいチャンスを見つけることができます。どんな行動をしたらいいかも自ずとわかってきます。

1章では、最先端のAIがどこまで進化しているかを紹介します。この変化の波にしっかり乗っていきましょう！

》 1-2

難しい問題を自ら「深く」考える 次のステージへの扉が開かれた

AIは日々進化しています。これまでにない思考力を持ち、複雑な問題すら自分で考えて答えを出し始めたのです。AIの新たな進化を解説します。

》 AIが自ら深く推論し、解決するフェーズに突入

2024年9月に登場したOpenAI社の新しいAIモデルのシリーズ「**OpenAI　o1**（オーワン）」は、AIを大きく進化させました。**OpenAI o1はより複雑な問題に対して時間をかけて、自分で考えて答えを出す**ようになったのです。このo1シリーズはまだ始まったばかりですが、AIの次への進化の大きな一歩です。

これまでのAI （GPTシリーズなど）	最新のAI （OpenAI o1シリーズなど）
幅広い質問や日常の会話に強い	**深く考える**必要がある**複雑な問題**に強い
指示の文脈や情報を基に、**確率的に続きそうな文字を出力する**	与えられた問題に対して、**時間をかけて、自分で考えて答えを出す**

たとえば、以下の指示をしたとします。

AI実践家の加納敏彦が2025年に出すとベストセラーになりそうなAIの本のタイトル案と企画を、5つずつ考えてください。

これまでのGPTシリーズ（GPT4や4oなど）でも、明確な指示を細かくすれば、複雑な推論をさせることはできました。でも、この**OpenAI o1は、そのような細かい指示をしなくてもいい**のです。前ページの例のように大まかな指示をするだけで、**数十秒の時間をかけてステップを踏み、これまでより深く考えてくれます。**イメージとしては

ベストセラーになりそうな本とはどんな本か？
➡ AI実践家の加納敏彦の特徴は何か？
➡ 2024年のAIのトレンドは何か？
➡ 2025年のAIのトレンドはどうなりそうか？

などと順番に時間をかけて考えるのです。

そのうえで、これらを踏まえて

➡ AI実践家の加納敏彦が2025年に出すとベストセラーになりそうなAIの本のタイトル案と企画

を考え、提案してくれるのです。これまでのGPTシリーズより、出力の正確性や一貫性が上がることが多くなりました。まるで人間の編集者と企画会議をしているような気持ちになります。つまり、すでに仕事で使えるレベルになっているのです。

» 「科学」や「技術」をさらに発展させる

　AIの進化はまず、科学や技術の分野で大きなインパクトを与えるでしょう。人間の指示に従って、AIが自分で考え問題を解決するようになると、**科学的な研究や新しい発見の可能性が飛躍的に高まります。**
　たとえば、医療の分野では、複雑な遺伝子の解析や薬の開発をAIが自動的に行うようになります。そうすると、人間の研究者が手に負えないような大量のデータをAIがどんどん処理して、重要な結論を引き出せるようになるはずです。

また、プログラミングや数学の分野でも同じように、AIが難しい課題の解決に対して、専門家をサポートする時代が近づいているのです。

» 自分で深く考えるAIが「ビジネス」にも応用される

「o1」によるAIの進化は科学技術だけではなく、**当然、仕事やビジネスにも応用されます。日々の仕事はもちろん、会社の経営にまでAIが関わってくる**のも時間の問題です。

たとえば、マーケティング戦略を立てたり、リサーチをしたり、プロジェクトの企画立案や企画書の作成まで、細かいところはAIが自分でやるようになるのです。

これまでは、人間が主導して、AIがそのサポート役として働いていました。それに対して未来は、AIが自ら動いて、人間がその結果を確認するという形に変わっていくかもしれません。

» 「経営判断」を担う日も近い

特に興味深いのは、**AIが経営判断を行う能力を持つようになるという展望**です。早ければ2029年には、AIがレベル5（P45）に達して、企業の経営方針や戦略を決めるプロセスをAIが進めるようになるでしょう。そうすると、私たち人間は、そのプロセスをチェックしたり、最終の責任を取ったりするだけで、仕事がほとんどなくなるという状況になるかもしれません。

これはSFのような未来の話ではなく、OpenAI o1の登場で、第一歩がすでに始まっているのです。この大変化に乗り遅れないためにも、OpenAI o1をぜひ積極的に活用していきましょう。OpenAI o1の使い方は、P79で解説しています。

» 1-3

「高度な音声モード」の進化で AIが人間のように話し始めた！

2024年の秋、ChatGPTなどで「高度な音声モード」が登場しました。AIがまるで人間のように自然に話すようになったのです。この進化を解説します。

» 音声の進化がすごい

ChatGPTの「高度な音声モード」と、Googleの「Gemini Live」の音声チャット機能によって、AIが本当の人間のように会話をする時代が始まりました。AIが単に文章でチャットするだけではなく、自然な会話で私たちとコミュニケーションするようになったのです。

ChatGPTを開発しているOpenAI社は2024年9月、ChatGPTに高度な音声モードを搭載しました。

生成AIのGeminiを手掛けるGoogleも、高度な音声の会話ができる「Gemini Live」を無料版でも使えるようにしました（スマートフォンのアプリ版のみ）。

» 「通訳」も「翻訳」もしてくれる

特にChatGPTの高度な音声モードは、その精度の高さと自然さで、これまでのAI音声のレベルを大きく超えています。**AIと会話をしていることを忘れてしまうほど、人間の声や表現のニュアンスに近づいてきている**のです。次ページのQRコード先は実際にAIと私が話している動画です。ぜひ聞いてみてください。

https://youtu.be/aVLWHie0pts

　この音声AIは、日常のちょっとした会話から、複雑な問題の解決まで、さまざまな場面で私たちをサポートしてくれます。

　特に注目したいのは、この技術は**外国語の翻訳や通訳、外国語の学習でとても活用できること**です。これまで、AIの翻訳は主にテキストで行われてきました。

　でもこの新しい音声モードなら、会話すらAIがリアルタイムで翻訳したり通訳したりしてくれるのです。通訳の専門家や語学の先生がそこにいるような錯覚すら覚えるのは、私だけではないでしょう。

　私たち一人ひとりに、AIの通訳や語学の先生がつく時代になったのです。しかも、ChatGPTなら、有料版の月々20ドル（3,000円前後）という安い費用で、通訳や語学の先生を雇えるようなものなのです。

　AIのこの飛躍的な進化で、言語が大きな壁となっていた異文化理解やコミュニケーションが促進されることは間違いありません。

　言葉の壁を越えて、友人を作ったり仕事をしたりすることが、とても簡単になったのです。

》「接客」や「営業」も変える

新しいAIの音声技術は、**コミュニケーション系の職業全体にも大きなインパクトを与えています。**

たとえば、**営業や接客の現場では、AIが顧客とのやり取りを代行できる**ようになっていきます。

国内最大の家電量販店であるヤマダホールディングス（ヤマダ電機）はAIを活用した接客システムの導入に向けた取り組みを進めています。このような動きは今後もどんどん加速するでしょう。

さらに、**コーチやコンサルタント、カウンセラーといった相談業、講師や司会・ナレーター、声優といった職業も、AIが代替する時代**がやってきています。たとえば、この音声モードのChatGPTに「私専属のカウンセラーになって、○○について相談に乗ってください」と言ってみましょう。たったこれだけでも、驚くほど高度なカウンセリングをしてくれるのです。

これまで「人間にしかできない」と思われていた職業に変化の波が押し寄せています。 この音声技術の使い方については、P78で詳しく解説します。

》「GPT-4o」の新音声に対応したスマートグラスも登場！

このGPT-4oの「高度な音声モード」やカメラ機能を搭載した**スマートグラス**も発売される予定です。スマートグラスは、メガネの形をした便利な機械です。

※この画像はAIで作成したイメージです。

手を使わなくても、スマートグラスについているマイクで会話をするだけでChatGPTを操作できるのです。

●SOLOS公式サイト
https://solosglasses.com/

　もちろん通訳もしてくれます。外国語の会話をその場で理解できるようになるので、海外旅行やビジネスの場面でも大活躍します。
　これまでSF映画やアニメなどで考えられていた未来型の道具が、いよいよ現実になってきたのです。
　AIが人間のように話し、コミュニケーションを代わりにできるようになってきたいま、これを仕事にどう活用するかが私たちに問われています。

1-4

自分の分身アバターを安価に生成、リアルタイムで話せるように！

自分そっくりのアバターがリアルタイムで会話をする。そんな最先端のAIアバター技術による、新しい対話の形を紹介します。

» リアルなアバターを誰でも安価で作れるように

　自分そっくりの分身アバターが自動で動いて、人と自在にコミュニケーションをする。そんなSF映画のような世界が2024年10月にスタートしました。それがAIアバター動画サービスの**HeyGen**（ヘイジェン）が始めた**「インタラクティブ・アバター」**です。AIによる分身アバターの生成は少し前からできましたが、リアルタイムで会話させるためには数百万円以上の開発費が必要でした。今回のHeyGenのインタラクティブ・アバターは、それがとても安価に作れるようになったのです。

　まずは、私と私の分身アバターが対談をしている映像をご覧ください。動画の左が本物の私、右はAIが作った私のアバターです。

≫ オンライン会議ツールとしても使用できる！

　HeyGenのインタラクティブ・アバターは、**自分そっくりのアバターをAIが作ってくれて、そのアバターがリアルタイムで対話するという革新的な機能**です。まるでデジタルの世界に、自分の分身が存在しているかのような感覚になります。

　このインタラクティブ・アバターは、文章を生成するAIが素早く回答を作ることで、ユーザーの発言に数秒で反応するのです。このアバターはオンライン会議ツールのZoom上でも会話できます。前ページで紹介している動画もZoomで話しています。

　さらに、特定の知識を事前に学習させることもできます。たとえば、私のアバターには私の情報を学習させています。だからアバターが加納敏彦として話すのです。

　私のインタラクティブ・アバターと、以下のURLから実際に会話をすることができます。無料なのでぜひ体験してみてください。

https://x.gd/DlwUu

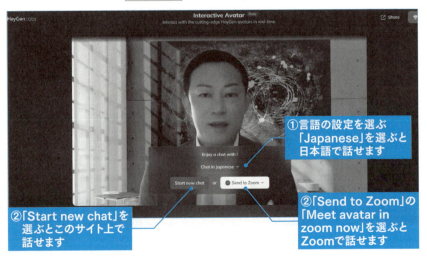

不自然な点はたくさんありますが、まだ始まったばかりです。これからどんどん自然な会話になっていくでしょう。

　このインタラクティブ・アバターは現在、ベータ版（お試し版）として提供されています。HeyGenはユーザーのフィードバックを基にして、さらに高度な機能を追加することを予定しています。

　私の予想では、人間のように話す「高度な音声モード」（P31）とこのインタラクティブ・アバターが、2025年中にはつながると考えています。そうなると、分身アバターが、本当にリアルな人間のようにコミュニケーションをするでしょう。

» ビジネスに活用できる日も近い

**　インタラクティブ・アバターは、ビジネスでの活用も大いに期待されています。**

　たとえば、アバターには事前に情報を学習させられるので、精度が高まれば企業や業務に合わせて個別に対応できるアバターが実現します。受付や営業などの顧客対応をAIアバターがする未来も、それほど遠くないでしょう。

　また、AIは多言語に対応できるので、グローバルなビジネス展開や多文化の職場での活躍も期待できます。

　さらに、インタラクティブ・アバターは、24時間の対応もできます。時間に縛られずに顧客のサポートができるようになり、顧客の満足度や業務の効率化がアップするでしょう。

» ZoomもAI活用を本格化！

　このインタラクティブ・アバターは「HeyGenのアバターがZoom上でも話せるようになった」という話ですが、**Zoomを提供するZoomビデオコミュニケーションズ自体も「AIファースト」を掲げて、AI活用にとても力を入れています。**

　たとえば、Zoomのサービスとしても、AIアバターが作れ、Zoomで話せるようになることが公式に発表されています。

　また、いくつものZoom会議にAIアバターが同時に参加して、本人がいなくてもその代わりに意見を言い、意志決定もできるようにするとのことです。

　解決すべき課題はたくさんありますが、**「自分の分身AIが、自分の代わりに仕事をしてくれる」という、夢のような未来が近々やってくる**かもしれません。

　ぜひいまのうちから、AIアバターにも慣れ親しんでおきましょう。具体的な作り方や使い方は、P176で解説しています。

1-5

ハリウッド映画のような 「本格的な映像」も自在に作れる!

AIの進化によって、プロのような映像を誰もが制作できるようになってきました。最先端の動画生成AIについてこの項で解説します。

» プロ顔負けの「映像クリエイター」に誰でもなれる

かつて、ハリウッド映画のような本格的な映像を作るためには、多額の予算とたくさんのスタッフが必要でした。多くの高性能なカメラ、特殊効果の技術者、そして熟練した編集者が力を合わせて、ようやく作れるものだったのです。

しかしその状況が大きく変わりつつあります。最近、動画を生成できるAIサービスの進化が著しいのです。

さらに、近々リリースされるOpenAI社の動画生成AI「Sora」やGoogleの「Veo」といった最先端のAIによって、**誰もが簡単にプロのような動画を制作できるようになる**のです。

» 指示を出すだけで動画ができる!

これらの動画生成AIを使えば、文章で指示をするだけで、まるでハリウッド映画のワンシーンのような映像を作れるようになるのです。これまで動画制作には膨大な時間とスキルが必要とされていましたが、いまではAIがその作業の多くを代行してくれます。つまり、**高品質な動画を初心者でも直感的に作ることができる**ようになったのです。

たとえば、動画生成AIの「Dream Machine」に次ページのような指示を出してみます。そうすると、それだけで本格的な映像が生成されます。

第1章 人間のように話し、人間のように考える! 最先端のAIは何ができるのか?

●指示の例

> 夜の都会を舞台に、雨が降るシーンを作ってください。背景にはビルのネオンが光っています。カメラアングルは低く、暗い雰囲気で少し幻想的にしてください。

　たったこれだけの指示をするだけでも、映画の一場面のような映像が数十秒で生成されます。以下は、この指示で作った動画です。

https://youtu.be/9XnYZC0_hmQ

　動画生成AIの最新事情や使い方は第6章で解説します。

》動画編集の効率が劇的にアップする

　この高度な動画生成AIが普及すると、私たちの仕事にどう影響するかを考えてみましょう。
　まず、これらのAIは、**動画編集の効率を劇的に高めてくれます。**これまでなら数時間はかかっていた撮影や編集の作業も、AIにやってもらうことで、圧倒的に短時間で終わらせられます。

» 新しい想像性の扉が開く

「Sora」や「Veo」は、抽象的なアイデアを映像化する力も持っています。だから「こんなアイデアを形にしたい」と閃いたことをAIに指示するだけで、高品質な映像が簡単に作れるわけです。

　私たちの想像力を形にする新しい道具として、これらのAIは創造的な世界の可能性を広げてくれます。動画生成AIによって、新たな才能が開花する人も多く出てくるでしょう。

» クリエイターや編集者の役割はどう変わる？

　しかし、これほど便利なツールが登場すると、これまでのクリエイターや動画編集者の仕事に大きな変化が起こるのは避けられません。**多くの人が動画作りに参入してきて、競争が激しくなる**ことも想像に難くありません。

　簡単に質の高い映像が作れるようになると、撮影や編集のスキルだけでの差別化が難しくなります。そのためこれからは、スキルだけでなく**どれだけ斬新なアイデアを思いつけるかが重要**になってくるでしょう。

　また、**ストーリー作りやコンセプト作り**など、動画作成の周辺の仕事も含めて、総合的に顧客をサポートできる人に仕事が集まるようになると予想しています。

» 「マーケティング」もAIで大きく動く

　この変化は、特に中小企業や個人事業主にとって大チャンスです。本格的な動画を作るためには、高額な制作費をかけてプロに外注する必要がこれまではありました。しかしこれからは、AIを使えば**誰でも低コストで質の高いプロモーション動画などを作ることができる**わけです。

たとえば、新商品のPR動画やサービス紹介の動画なども、わずかな費用と時間で制作できます。これによって、マーケティング活動がより手軽に、そして効率的に行えます。大企業と同じような動画プロモーションが、中小企業や個人でも可能になるのです。

　また、**動画生成AIは広告の今後も大きく変えようとしています。**たとえばインターネットテレビの「ABEMA」は、AI技術を活用した新しい広告手法である「バーチャル・プロダクト・プレイスメント（VPP）」を2024年11月に開始します。これは、広告の商品を後から番組に合成して「後づけ」できる技術です。一例を挙げると、部屋のシーンに、広告の化粧品などを後から合成できるのです。
　動画生成のAIがより進化すると、視聴者一人ひとりに合った広告をAIがリアルタイムで作り出せるようになります。それによって、より効率的な販売促進をしようとする取り組みが始まっています。

　動画には、言葉や写真だけでは伝えられないストーリーや動きを届ける力があります。AIの進化で、その**「動画の力」をフルに活用できるようになったいま、仕事や創作にどのようにAIを取り入れるか**が今後のビジネス成功のカギになるのです。動画生成AIの活用法は第6章で解説します。

1-6

AGI（汎用人工知能）の実現が見えてきた

これからのAIは、さらに高度な知能を得て、私たちの生活やビジネスに不可欠な存在となります。1章の最後に、AIの今後の進化について解説します。

» AIはこれからどう進化する？

「OpenAI社がAIの新しい評価の基準を導入した」というニュースが2024年7月に話題になりました。この基準は、AIが「AGI」に向かう道のりを5段階で評価するものです。

AGI（汎用人工知能）とは、人間と同じように多くの仕事をし、知識や創造性で人間を超えるAIを指します（P48）。

これまでもいろいろな人が概念は提示していました。でも、AIの進化がどこに向かい、いまどの段階にいるのかをはっきり示す基準はありませんでした。その基準が、生成AI開発のトップリーダーの1つであるOpenAI社のものとして報道されたのです。これによって、AIの成長がある程度、測れるようになりました。この5つのレベルについて解説します。

» 進化を示す5つのレベル

OpenAI社の基準で評価すると、これまでのChatGPTの「GPT」シリーズはレベル1に、P28で紹介した「OpenAI o1」シリーズはレベル2の初めに位置づけられます。

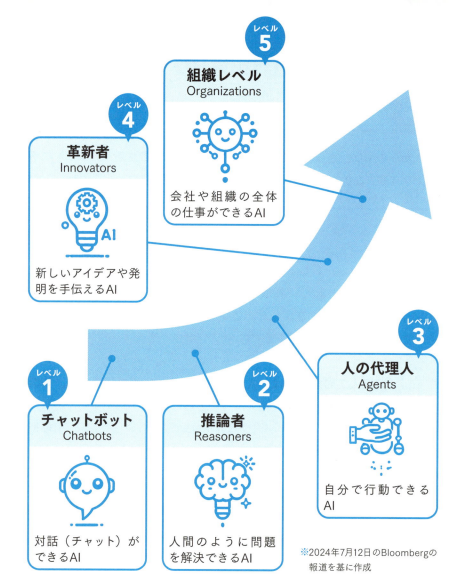

※2024年7月12日のBloombergの報道を基に作成

　レベル1は、**基本的な対話や情報の提供ができる段階**です。たとえば、OpenAI社のChatGPT（GPTシリーズ）がこのレベルに当たります。P31で紹介したOpenAI社のGPT-4o「高度な音声モード」によって、レベル1は最終的な到達点に来たと言えるかもしれません。

レベル2になると、**博士号を持つ人間と同じレベルで問題を解決できる**ようになります。このレベルのAIは、P28で解説したOpenAI社の「o1」シリーズによってスタートしたと言えます。

レベル3では、**私たちの代理人（エージェント）として行動できるAI**へと進化します。ビジネスを例にして私なりに説明すると、私たち人間が指示をしなくても、1人のビジネスパーソンの仕事を何日も「代わりに」自動でやるというイメージです。AIがレベル3に到達すると、多くの人が「AGIが実現した」と感じるかもしれません。

レベル4では**新しい価値（イノベーション）を自ら創り出せるAI**になります。

そして、最終的なレベル5で、**人間の「組織全体」の仕事を自動で行なうAGI（汎用人工知能）の完成形**に到達します。ビジネスを例に説明すると、人間が細かく指示をしなくても、会社の「経営者」の仕事を代わりに自動でやるというイメージです。

» AGIの実現は2029年？

OpenAI社のCEOであるサム・アルトマン氏は、2024年に「AGI（汎用人工知能）の実現にはまだ時間がかかる」とし、**「AGIに到達するまでにはあと5年ほど猶予がある」**と述べました。つまり、順調に進めば**「2029年にAGI（レベル5）に到達する可能性がある」**という見解を示していると言えるでしょう。また2024年11月のYouTube対談での彼の発言も注目を集めています。「2025年に何が来るのが楽しみですか？」と聞かれ、アルトマン氏は「AGIです」と答えたのです。私はこのAGIはレベル3（エージェント）だと考えていますが、それでも**「2025年内にAIがレベル3に到達する」**ことは示唆されたのです。

AIエージェントの構想はOpenAI社以外にもSalesforce社やMicrosoft社なども発表しています。2025年はレベル2やレベル3への進化が加速するかもしれません。

ただ、私は現実的にはAIの進化にもう少し時間がかかると考えています。特にAGI（レベル5）が5年以内に実現するためには、莫大な開発資金の投入が必要ですし、AIシステムを支えるための膨大なエネルギーや計算能力も確保しなければなりません。さらに、技術的な壁や安全面での課題も多く残されています。

しかし、私たちビジネスパーソンは、AGIが遠い未来の話ではなく、1～2年後に現れる可能性を視野に入れるべきです。**AIをビジネスに活用するには、この進化の速さとリスクを理解しながら、いち早く取り入れる**ことが大切です。読者の方には本書の発売後もアフターフォローとして最新情報をお送りします。本書の巻末の「3大プレゼント」から登録をしておいてください。

次の章から、最適な最新のAIを選ぶ方法や、それを活用するための具体的な実践法、さらにリスクへの対応についても詳しく解説します。

💡 第1章のポイント

◉ SF映画やアニメで描かれていたような未来が、
驚くべきスピードで現実になっている。
もはやAIを使わない選択肢は存在しない時代になりつつある。

◉ AIは「自分で深く考える」能力を持ち始めた。
科学や技術、ビジネスでも、
AIがより複雑な問題解決をする時代が来る。

◉ AIがまるで人間のように話す時代が到来。
ChatGPTの「高度な音声モード」が
仕事やコミュニケーションに革新をもたらしている。

◉ 動画生成AIの進化によって、
誰もがプロ並みの映像を制作できるようになる。
特に中小企業や個人事業主にとっては大きなチャンスになる。

◉ AIが「AGI（汎用人工知能）」に向かうプロセスが明確になり、
早ければ2029年頃にAGIが実現する可能性まで示されている。

用語についてのQ&A

AIについて勉強を始めた方から
よくいただく用語の質問や疑問、
不安などにお答えします。

Q1 「AGI」とは何ですか？

A AGI（Artificial General Intelligence＝汎用人工知能）には、専門的で明確な定義はありません。一般的には**「人間レベルの認知能力を持つAI」**と説明されます。つまり、特定の作業だけでなく、**幅広い問題を解決できる知能を持つAI**です。

これに対して、いまのAIは「狭いAI」「弱いAI」とも呼ばれていて、特定の使い方や問題だけに対応できます。

Q2 ChatGPTの「GPT」とは何ですか？

A GPT（Generative Pre-trained Transformer）は**OpenAI社が開発しているAIの言語モデルのシリーズ名**です。

2018年にGPT-1が登場し、2023年3月にGPT-4がリリースされて、瞬く間に世界中に広がりました。2024年5月にはGPT-4oがスタートしています。

Generative Pre-trained Transformerを直訳すると**「（コンテンツを）生成する　事前に訓練した　トランスフォーマー」**となります。

「トランスフォーマー」を簡単に説明すると、すごく賢い情報処理のモデル（計算方法）です。

第**2**章

AIに助けてもらえば
上手な
「プロンプト」が
誰でも簡単に作れる

　AIを活用するときにとても重要なのが、AIにどんな「指示」をするかです。以前は、専門的な知識が必要で、厳密に指示をしなければ、よい出力がなかなか得られませんでした。しかしAIの進化によって、いまや指示を作るハードルは大きく下がりました。

　2章では、AIの力を最大限に引き出すための、初心者でもすぐに実践できる簡単で効果的な「指示作り」のコツやテクニックを解説します。この章を読めば、AIとのコミュニケーションが格段にスムーズになり、思い通りのアウトプットを得られるようになるでしょう。

❯❯ 2-1

AIの進化で「指示」を考えるのも簡単に！

多くの人が難しそうと感じるAIへの「指示」も、いまではAIのサポートで誰でも簡単にマスターできます。その理由を解説します。

❯❯ 「プロンプトって難しい」は昔の話

生成AIについて解説した本や記事などを読むと**「プロンプト」**という言葉がよく出てきます。日本語に訳しにくい専門用語ですが、簡単にいえば**「文章作りや画像作りなどの作業を、AIにさせるための指示」**です。本書では「指示」という表記にしています。

2023年頃は、プロンプト作成についてのノウハウがたくさん考え出されていました。なぜならAIがいまほど賢くなかったので、AIにどれだけ細かく厳密な指示ができるかがとても重要だったからです。

でも最近は、AIの進化によって**指示の細かさはそこまで重要ではなくなっています。**特に2024年5月にOpenAI社がGPT-4oという高度なAIのモデルを公開して以降、その傾向は強くなっています。

人間があいまいな指示をしたとしても、賢くなったAIが文脈をかなりつかんでくれるようになったのです。なので「AIへの指示って難しそうだな……」と必要以上に感じることはありません。

❯❯ AIへの指示すらAIに考えてもらえばいい

また、AIに対しての指示を自分で考える必要もないのです。**AIへの指示自体をAIに考えてもらうこともできます。**AIが指示を考える質も、どんどん高まっています。

たとえば私は、AIがどんどん賢くなっているので「いまのAIとなら、面白い漫才ができるのではないか？」と思いました。しかし、AIと漫才をするために、AIにどんな指示を出せばいいか見当もつきませんでした。

そこで、以下のような指示をAI（ChatGPT）にしてみました。

> あなた（ChatGPT）と、人間同士を超える面白い漫才をやりたいです。
> そのための適切なプロンプトを考えてください。
> （以下、自分がやりたい漫才を箇条書きする）

特にP28で紹介した「OpenAI o1」は、AI自体が「自分で深く考える」能力を持ち始めました。**OpenAI o1を使えば、とてもよく考えられた指示を作ってくれます。**

このように、厳密な指示を自分で考えなくても、優秀なAIが考えてくれるのです。

次のページから、初心者でも簡単にできる「指示作り」のコツや実践テクニックを解説します。これらを押さえるだけで、あなたもすぐに、AIに上手な指示を出せるようになります。ぜひ参考にして、実際にAIへ指示をしてみましょう。

》 2-2

うまく指示を出すために
生成AIの「仕組み」を押さえよう

ChatGPTを例にして、生成AIの仕組みをわかりやすく解説します。仕組みがわかると、どんな指示をAIにすればいいかがわかってきます。

》 AIは考えているわけではない

ChatGPTなどを使っていると、あたかも「人間」とコミュニケーションしているかのような錯覚を持ってしまいます。それは、現在の生成AIが私たちにそう思わせるレベルで「人間のような」対話が文字や音声でできるからです。

しかし実際はまだ、**AIは考えたり感じたりしているわけではない**だろうと考えられています。

》 指示から「文脈」をつかんで出力している

では、ほとんどの生成AIはどんな仕組みでコンテンツを出力しているのでしょうか？ ChatGPTの文章の生成を例にして解説します。

ChatGPTはインターネット上で公開されている膨大なデータを主に収集して、人間が使う言葉を大量に事前に学習しています。そして言葉と言葉のつながり方なども分析しています。その**事前学習を基に、私たちが入力した指示からその文脈をつかみ、その指示に対する出力イメージのようなものを持ちます。そのイメージに基づき、一文字ずつ確率的に計算して出力している**のです。

次ページの図は厳密には違いますが、イメージとして大まかに捉えていただくのによいので紹介します。

● 「確率的に計算して出力する」のイメージ図

		標記の	
会議は （10%）	事例は （10%）	**件に （50%）**	案件は （30%）
	あっては （30%）	**つき （60%）**	おいては （10%）
	別紙の （30%）	**以下の （40%）**	別添の （30%）
凡例を （5%）	文書を （5%）	**通り （80%）**	通知を （10%）
	判断 （15%）	**決定 （80%）**	保留 （5%）
	しない。 （1%）	**する。 （98%）**	すれば。 （1%）

※東京都の「文章生成AI利活用ガイドライン」より

このようにChatGPTの文章生成は、**指示の文脈をつかんでその後に続きそうな文字を、確率的に計算して出力する**という仕組みになっています（また、出力の内容は毎回変わります）。

この仕組みがわかると、AIにどんな指示をすればいいのかがつかめてきます。生成AIの仕組みを押さえた上で、次の項で解説する具体的なコツを知ると、より理解度が深まります。

引き続き、文章の生成を例に解説しますが、画像や動画の生成、検索などの他のサービスの指示出しでも考え方は基本的に同じです。

第2章 AIに助けてもらえば上手な「プロンプト」が誰でも簡単に作れる

53

» 2-3

たった3つのコツで AIの出力が劇的に変わる！

生成AIを活用して、的確な出力を引き出すためには、いくつかのコツがあります。初心者の方でもすぐに実践できる3つのコツを紹介します。

» コツ① 人間だと思って「具体的な指示」をする

　最初のコツは、**AIに対して「具体的な指示」をすること**です。AIは事前に学習した膨大な情報を持っていますが、その中から何を出力するかは、私たちが出す指示次第です。AIは指示の文脈をつかんで、膨大な情報の中から、後に続く文字を確率的に出力しているからです。

　そのため**「具体的」な指示をAIに明確にすることで、こちらの意図に合った出力を引き出しやすくなる**のです。例を挙げて説明します。

●あいまいで抽象的な指示の例

ChatGPTについて説明してください。

●より具体的で明確な指示の例

ChatGPTについて、インターネットで調べて、最新情報を500字前後で説明してください。
社内会議で説明するので、ITやAIの知識がない大人でもわかるように、易しく説明してください。

「具体的」な指示を考えるときは、仕事で情報を整理したり伝えたりするときに使う「5W1H」の型を意識するといいでしょう。

When（いつ）	最新情報
Where（どこで）	インターネットで調べて
Who（誰が）	ITやAIの知識がない大人
What（何を）	ChatGPT
Why（なぜ）	社内会議で説明するので
How（どのように）	500字前後で、易しく説明

　この型を意識して考えていくだけで、とても具体的な指示が完成します。すべての要素を毎回入れる必要はありません。「When（いつ）」「Where（どこで）」などは使わないことも多いでしょう。

　AIへの指示で特に大事なのは「Why（なぜ）」です。AIの進化で、指示の文脈をつかむAIの能力が高まっています。そのため「なぜこの指示をしているのか？」という、あなたの目的を指示に入れることで、AIがあなたの目的をつかみ、それに合った出力をしてくれやすくなるのです。

　また、指示をするときは**AIを「仕事のパートナー」だと思って、人に正確に伝える感覚で行いましょう。**部下や秘書に指示をするつもりで指示を考えるのもいいでしょう。人に指示を出すときも、あいまいなものより、具体的なほうが意図通りに伝わります。AIへの指示が上手くなると人への指示のスキルも高まっていくので、一石二鳥です。

第2章

AIに助けてもらえば上手な「プロンプト」が誰でも簡単に作れる

» コツ② 「ステップ」を分ける

　次に重要なコツは、**ステップを分けてAIに指示を出すこと**です。一度の指示に多くの情報を詰め込みすぎると、AIも処理しきれなくなってしまうことがあります。AIは賢いですが、すべての要求に一度で完璧に応えられるわけではありません。**指示をいくつかのステップに分け、指示を１つの作業に絞ることで、各作業でより精度の高い出力が得られる**のです。

　たとえば、P54の指示を２つのステップに分けてみます。

●ステップ１の例

> ChatGPTについて、インターネットで調べて、最新情報を正確に説明してください。

●ステップ２の例

> この説明を基に、500字前後でまとめてください。
> 社内会議で説明するので、ITやAIの知識がない大人でもわかるように、易しく説明してください。

　この例では、ステップ１では正確に調べることに絞って指示を出しています。次のステップ２で易しくまとめることに絞って指示を出しています。このようにステップを分けることで、正確性とわかりやすさの両方の精度が上がるのです。

　「AIへの指示を分けられないか？」という視点を意識してみましょう。１つの作業に絞って指示をすると、AIの出力の質が格段に上がります。

» コツ③ 完璧を求めず「修正」を繰り返す

　最後のコツは、**完璧な出力を最初から期待せず、何度も修正を繰り返すこと**です。実はこの考え方がすごく大切です。よい指示をしようと事前に考えすぎるより、ひとまず指示を出して修正を何度か繰り返すことをお勧めします。そのほうが結果として、より速くより質の高い出力になることが多いのです。

　AIからの最初の出力は、あなたの期待や意図と少しずれることもあります。でもそこで諦めたり「AIは使えない」と思い込んだりしてはいけません。AIに追加の指示を出したり、修正を依頼したりするだけで、数秒でブラッシュアップできるからです。

　たとえば、前ページの2ステップの指示をしたとしても、自分が期待していたほどには易しい説明にならなかったとします。そのときは

> 初心者向けに、もっと易しく説明してください。

　などと、修正の依頼をすればいいだけなのです。

　人間相手だと修正を依頼するのには気を遣います。でもAIには気を遣う必要がありません。気軽に、そして明確に「もっとこうしてほしい」と修正を依頼できます。

　自分が納得いくまでとことん修正してもらいましょう。こうするだけで、AIの出力のレベルが格段に上がります。

　「具体的に指示する」「ステップを分ける」「修正を繰り返す」。この3つのコツによって、**AIは仕事のパートナーになり、あなたはAIと一緒にコンテンツを生み出す（共創）ことができる**ようになります。

2-4

3つの実践テクニックで指示と修正の「達人」になれる

この項では、少しの事前準備をするだけで、AIの出力レベルをさらに上げられる実践的なテクニックを3つ紹介します。

» テクニック① 「必要十分」な情報を提供する

AIに指示を出すときに、とても大切なのが**自分の情報を「適切に」提供すること**です。AIは私たちが提供した情報を基に出力を生成します。そのため、こちらがどんな情報をどれだけ提供するかが、出力に大きな影響を与えます。

たとえば、あなたが自分の仕事の企画をAIと考えたいとします。そのとき、あなたの仕事やあなたの情報をどれだけAIに提供するかで、出力が大きく変わるわけです。

こう聞くと、多くの人が「だったら、とにかくたくさんの情報を与えよう」と考えてしまいますが、これは間違いです。なぜならAIは、指示で提供されたすべての情報から文脈をつかんで出力イメージのようなものを作り、その後に続きそうな文字を確率的に計算して出力するからです。そのため必要のない情報まで適当に提供してしまうと、その情報も出力に影響してしまう可能性があります。

なので**「必要かつ十分な情報」を提供すること**が大切です。実際は練習と慣れがいりますが、この観点も持っておきましょう。

たとえば私は、AIの本の企画を考えるときと、お金の本の企画を考えるときとでは、AIに与える自分のプロフィール情報を変えています。企画に関係する情報に絞って提供しているのです。

どんな指示をしたらいいか、仕事の企画を例に解説します。

●仕事の企画を考えるときの指示の例

以下の情報を基に、顧客の課題を解決する新しいサービスや製品の企画を考えてください。

企画は3つ提案してください。それぞれの企画がどのような顧客のどんな課題を解決できるかも説明してください。

###

（以下の情報を、企画に関連するものに絞って書く）

・自社の情報

・自分の仕事の情報（扱っているサービスや製品も）

・ターゲットになる顧客の情報

・想定している顧客の課題

これが「必要かつ十分な情報」を提供するということです。

ただし、毎回、このような指示を考えて入力しようとしたら、それ自体が大変な作業になってしまいます。

でも安心してください。いまのAIには、便利な機能が揃っているのです。**指示を一度作ったら、その指示をその後も使い続けられる機能が、各サービスで準備されています。**たとえばChatGPTでいえば「カスタム指示（P74）」や「GPTs機能（P83）」などです。

実際の仕事では、必要十分な情報を一度作ったら、後は少しずつ調整して使い続けられます。私も仕事ごとに専用のGPTsを作って活用しています。

» テクニック② 「例文」で具体的なイメージを伝える

2つ目のテクニックは、AIに何かを指示するときに**例文も提供する**ことです。私は、このテクニックが最重要だと感じています。

特に文章や画像をAIに作ってもらう場合、単に「こんな感じで」と指示をしてもなかなか伝わりにくいのです。人間への指示とも共通ですが、**具体的な例を与えることで、AIはその文脈をより理解しやすくなり、こちらの期待通りの出力をしてくれやすくなります。**

たとえば、P56の

> ITやAIの知識がない大人でもわかるように、易しく説明してください。

という指示も、「易しく」というのがやや抽象的です。このとき、以下のように指示をしてみましょう。

●例文をつけた指示の例

> ITやAIの知識がない大人でもわかるように、易しく説明してください。易しい説明は、以下の例文を参考にしてください。ただし、参考にするのは文体だけで、書く内容は指示に従います。
> ###
> 例文
> （例文をつける）

前ページの企画の指示でも、社内で使われている企画書があればそれを添付しましょう。容量や枚数などの制限はありますが、ファイルを添付できるAIサービスも増えています。「これは素晴らしい」とあなたが思う、最高の企画書を例として提供すると、その素晴らしい企画書を基準にして、AIがあなたの企画書を作ってくれます。

どんな例を提供するかで、出力の質が決まると言っても過言ではありません。最高の例文を準備しましょう。

もし、よい例文がないときは、その例文もAIと作りましょう。たとえば、次のようにAIに指示を出します。

〇〇というテーマで、500字の文章を書いてください。

初心者でも理解しやすく、読み手の心に寄り添い共感する文体で書いてください。

このように、こちらが理想とする文章を要望して、例文をAIに書いてもらいます。そして書かれた文章をさらに修正していき、自分の理想に近づけていくのです。

このようにして理想的な文章を完成させたら、後はそれを例文として使うのです。そうすることで、その後の出力の基準が、この理想的な例文になるので、とても質の高い出力になります。私もこの方法で、本の執筆をしています。効果が高い、お勧めのテクニックです。

» テクニック③ 修正の依頼を工夫する

最後に紹介するテクニックは**修正を依頼するときの工夫**についてです。AIが生成する出力は、最初から完璧でないことが多いですが、修正を的確に依頼することで、理想に近づけることができます。どんな修正の依頼をするかが、よい出力のカギです。

修正の方法で特に有名なのが、深津貴之氏が考案した以下の文章です。

では、この出力を60点とします。これを60点とした時に100点とはどのようなものですか？　100点にするために足りないものを列挙した後に、100点の答えを生成してください。

AIの回答がいまいちだと思ったら、この修正を依頼します。それでもまだ完成度が低いと感じたら、**この修正を繰り返す**のです。そうすることで、どんどん改善されていきます。

私も愛用しています。私はこの文章をもう少し短くして、パソコンの

ユーザー辞書ツールに登録して、いつでも呼び出せるようにしています。特に、自分で深く考える能力を持つOpenAI o1（P28）にこの修正依頼をかけると、出力が改善されやすいです。

　他にも私がよく活用している修正の依頼文があるので紹介しましょう。

> 内容はよいですが、表現が硬いです。内容を維持したまま、初心者向けにもっと易しく書き直してください。

　単に「易しく書き直してください」と依頼してもいいのですが、それだと内容自体が変わってしまうことがあります。そのときに「内容を維持したまま」などと書いておくと、内容をそのまま保ってくれます。

　以上のように「必要十分な情報を与える」「例文を与える」「修正の依頼を工夫する」の３つのテクニックを取り入れることで、**AIへの指示や修正の達人**になれます。一度の準備をすれば、その後はそれを使い続けられます。この項で紹介したテクニックを使って、AIとの共創をぜひ楽しみましょう。

» 2-5

AIが質問するように指示を出して自分の創造性を広げよう

AIに質問させて、自分の創造性を広げる。プロの作家も活用する、逆転の発想でAIを活用する指示の出し方を紹介します。

» 創造性を引き出す「逆インタビュー法」

ChatGPTを提供しているOpenAI社は、公式サイトで「AIを使って執筆する〜プロの作家がChatGPTを活用している5つの方法〜」という特集を掲載しています。

プロの作家がしている工夫を凝らしたChatGPT活用は、私たちにもとても役立つので紹介します。

生成AIの一般的な活用法は「AIに指示を出し、答えを出力させる」ことです。でも、この特集で紹介されているのは逆の発想なのです。つまり**「AIに質問するように指示を出し、自分のアイデアや洞察を引き出す質問をさせる」**という**「逆インタビュー」法**です。これを考えたスチュ・フォーティア氏の指示を紹介します。

●逆インタビューの指示の例

こんにちは！　短編小説を書きたいのですが、書き始めるのに少し助けが必要です。興味深い、独創的な前提を思いつくのを手伝ってもらえますか？
アイデアはすべて自分の中から出てくるようにしたいのですが、それを引き出すのを手伝ってほしいのです。まず、10の質問をしてください。

- 創造性と想像力を刺激する
- 斬新なアイデアを生み出すために、異なるコンセプトや設定を並列させるよう促す
- 自分の人生経験から、意味深い思い出、面白い話、会話、感動的な瞬間を思い出させる

そして、それぞれの質問を1つずつ尋ねてください。それぞれの回答に対して、次の質問に移る前に、1つずつ2つの追加の質問をしてください。私の創造力を刺激するような、楽しく遊び心のある会話にしましょう！

　すべての指示がとてもよく練られています。特に、指示の真ん中あたりに「創造性と想像力を刺激する」など、自分がAIに何をしてほしいのかという目的を、明確に指示しているところが秀逸です。目的を明示することで、自分の意図により合ったコミュニケーションをAIはしてくれます。

　この指示を参考にして、あなたもAIに質問してもらいましょう。そして、創造性をAIと一緒に広げていきましょう。

　この特集ページには他にも、AIを相談相手、ストーリー作りのコンサルタント、リサーチのアシスタントなどとして活用する方法が紹介されています。参考になるのでぜひ読んでみましょう。

●AIを使って執筆する（OpenAI社公式サイト）

https://openai.com/chatgpt/use-cases/writing-with-ai/

※英語のサイトなので、Google 翻訳などで日本語にしましょう。

💡 第2章のポイント

◉ AIの進化によって、以前は難しいとされていた「指示」が
誰でも簡単に書けるようになってきた。

◉ 生成AIの基本的な仕組みを理解すると、どんな指示を
すればいいかがわかる。AIは指示の文脈をつかんで、
確率的に続きそうな文字を出力している。

◉ 「具体的な指示をする」
「ステップを分ける」
「修正を繰り返す」
の3つのコツを押さえるだけで、
AIの出力を劇的に変えることができる。

◉ 「必要十分な情報を提供する」
「例文を使用して具体的なイメージを伝える」
「修正依頼を工夫する」
の3つのテクニックを使うと、
アウトプットの質がさらに高くなる。

◉ 創造性を引き出すために「逆インタビュー法」を
活用するのも効果的。AIに自分へ質問させることで、
考えを深めたり新しいアイデアを引き出したりできる。

指示についてのQ&A

AIへの指示作りについて
よくいただく質問や疑問、
不安などにお答えします。

Q1 AIの出力を、どこまで信用していいですか?

A **AIが出力する情報の正確性や新しさについては、あまり信頼しないようにしましょう。** 出力が必ずしも正確で最新とは限らないのです。その理由は、ChatGPTを例にP52で解説したように、ほとんどのAIは指示の文脈をつかんで出力イメージのようなものを作り、その後に続きそうな文字を確率的に計算して出力しているからです。事実を参照しながら出力しているわけではないのです。

また4章で紹介する「AI検索」についても、インターネットの情報を参照はしていますが、必ずしも正確とは限りません。検索指示の文脈をつかんで、その後に続きそうな文字を確率的に続けている場合がほとんどだからです。

特に専門的な内容や最新の情報については、AIの出力を鵜呑みにしすぎず、自分で最終的な確認をしましょう。

Q2 機密情報などを指示に入力しても大丈夫ですか?

A **AIへの指示に、個人情報や企業の機密情報などのセンシティブな内容を入力するのは避けたほうがいい**でしょう。多くのAIサービスはユーザーのデータ保護やセキュリティーにとても配慮していますが、リスクはゼロではありません。重要な情報は消したり、伏せたりするといいでしょう。

第**3**章

ChatGPTなどの
AIアシスタントで
面倒な「文章」も
1分でうまく書ける

　　AIアシスタントを使えば、時間がかかり面倒だと思っていた文章の作成も、驚くほど簡単にスピーディーに仕上げられます。たとえば、わずか1分でクオリティーの高い文章ができ上がることも。

　　第3章では、特にAIチャットボットを活用した文章作成の方法に焦点を当て、その選び方や具体的な使い方を詳しく解説します。多くの人が使っている主要なサービスから、あなたにピッタリのAIアシスタントを見つけて、文章作成の悩みを一気に解決しましょう。

3-1
人気の「AIチャットボット」から自分に合うAIアシスタントを見つけよう

AIチャットボットは、たくさんのサービスがあります。主なサービスの市場シェアをチェックして、あなたに合ったものを選びましょう。

» 人気チャットボットのトップ5に注目！

　AI活用で中心になるのは「文章」を書く生成AIサービスです。それに役立つのが「AIチャットボット」です。
　AIチャットボットは、「**AI（人工知能）**」「**チャット（会話）**」「**ボット（ロボット）**」を組み合わせた言葉で、**AIを使って自動で対話できるプログラム**のことです。AIチャットボットを使うと、AIと対話しながら文章（テキスト）をスピーディーに書くことができます。

　アメリカのマーケティング会社、First Page Sageの調査によると、2024年11月時点のシェアは以下のようになっています。

●生成AIチャットボットのシェア

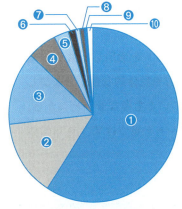

AIツール	比率
❶ChatGPT	59.2%
❷Microsoft Copilot	14.4%
❸Google Gemini (formerly Bard)	13.5%
❹Perplexity	5.6%
❺Claude AI	2.8%
❻Brave Leo AI	1.5%
❼Komo	0.7%
❽Andi	0.7%
❾You.com	0.5%
❿その他	1.1%

※https://firstpagesage.com/reports/top-generative-ai-chatbots/より

» トップを独走するChatGPTをまずは使おう

　1位はOpenAI社の「ChatGPT」でシェアの59.2％です。2022年末に登場して以来、トップを独走し続けています。多くの人が使っている一番の理由は、総合的にChatGPTが優れているためです。**まずはChatGPTを活用することを本書ではお勧めします。**

　2位はMicrosoft社の「Microsoft Copilot(コパイロット)」で14.4％、3位はGoogleの「Google Gemini(ジェミニ)」で13.5％です。続いて4位の「Perplexity(パープレキシティ)」が5.6％、5位の「Claude AI(クロード)」が2.8％で、トップの5つでシェアは95.5％になります。まずはこの5つを押さえましょう。

　Perplexityは「AI検索」サービスでもあるので4章に譲り、3章では後の4つのサービスを解説します。ダントツ1位のChatGPTを中心に、他のサービスがChatGPTとどう違うのかを見ていきます。この4つから、自分に合ったAIチャットボットを見つけましょう。

3-2

シェア1位であり続けている ChatGPTの「革新性」と「総合力」

「AIチャットボット」の各サービスを解説していきます。まずは、この分野で、シェアのトップを独走しているChatGPTについて詳しく解説します。

驚くような体験が待っている!

» AIサービスを最初に試すならChatGPTから

OpenAI社は2022年11月30日にChatGPTの提供を開始しました。そこから、AIと対話しながら文章を生成するという「AIチャットボット」が世界中に広がりました。それ以来、この分野でシェアのトップを走り続けています。特に、人間とやり取りしているかのような自然なチャット（対話）ができるのが魅力です。

他のサービスと一線を画しているのは、その「革新性」と「総合力」です。革新性というのは、**これまでにないAIの機能を真っ先に開発し、世に発表し続けている**という意味です。たとえば、文章・画像・音声・動画・インターネット検索・データ分析・高度な推論などで、他社に先駆けて先端的なサービスを提供し続けています。

» 無料版でも充分に機能を活用できる!

さらにこれらの**高度な機能を、ChatGPT 1つで「総合的」に扱える**ようにしています。ChatGPT上で、文章の生成、画像の作成、データの分析、インターネット検索など、いろいろなことができるのです。

しかも、次の表で紹介するように、無料版（フリープラン）のサービスもとても充実しています。またシェアランキング2位のMicrosoft Copilotと、5位のClaudeはChatGPTと使い方が似ています。生成AIをこれから使う方は、まずはChatGPTを使うことをお勧めします。

≫「無料版」と「有料版」はここが違う

ChatGPTの無料版と有料版で、どんな違いがあるかを解説します。

●ChatGPT「無料版」「有料版」の比較表

無料版	有料版（Plus）月々20ドル
●文書作成、問題解決などのサポート ●GPT-4o miniの使用 ●GPT-4oの限定的な使用 ●データ分析、ファイルアップロード、ビジョン、ウェブ参照、画像生成の限定的な使用 ●カスタムGPTの使用	●OpenAI o1-preview、OpenAI o1-miniの使用 ●GPT-4o、GPT-4o mini、GPT-4の使用 ●GPT-4oはメッセージ数が無料版の5倍 ●データ分析、ファイルアップロード、ビジョン、ウェブ参照、画像生成の使用 ●高度な音声モードの使用 ●カスタムGPTを作成して使用

≫ 文章の作成がメインなら「無料版」でもOK

この表を見てわかるように、**ChatGPTの「無料版」でも、多くの機能が使用できます。**有料版でしか使えなかった便利な機能が、回数に制限はあるものの（3時間で10回程度など）無料版でも体験できるようになったからです。ライバルとの競争も激しくなっているので、無料版を充実させる流れは今後も続くと予想しています。

また、無料版でもGPT-4o miniという優秀なAIが常に使えます。特に文章を書くのに、GPT-4o miniはとても役立ちます。
　そこで、**AIサービスを時々しか使う予定がない方や、文章を書くことを中心に活用したい方は、ChatGPTの無料版でもいいでしょう。**

» 「無料版」の始め方

　ChatGPTをこれから使う方は、**以下から公式のURLに行きChatGPTのアカウント（無料）を作りましょう。**
　パソコンからはWeb版、スマートフォンやタブレットからはアプリ版に行くといいでしょう。アカウント作成はどれか1つすればOKです。

【Web版のURL】
https://chat.openai.com/

【デスクトップ版のアプリ】
◉**Windows版**
https://apps.microsoft.com/detail/9nt1r1c2hh7j?hl=ja-jp&gl=JP
◉**Mac版**
https://openai.com/chatgpt/mac/

【スマホのアプリ版のURL】
◉**App Store**
https://apps.apple.com/jp/app/chatgpt/id6448311069

◉**Google Play**
https://play.google.com/store/apps/details?id=com.openai.chatgpt&pcampaignid=web_share

Web（パソコン）からもアプリ（スマホやタブレット）からも、ログインしておきましょう。同じアカウントにログインすれば同期するので、複数の端末から同じChatGPTが使えて便利です。仕事の効率が高まります。

ChatGPTを最大限に活用する方法

》使い方はとっても簡単！

　ChatGPTを初めて使うとき、どう使えばいいか、意外と迷います。しかし、実は使い方は簡単です。画面の中央にある囲みに、メッセージを書き込むだけで、ChatGPTとのチャット（対話）が始まります。2章で紹介している指示をここに書き込んでみましょう。

●ChatGPTの使い方（パソコン）

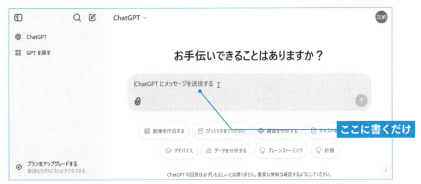

　スマートフォンでも、基本的な操作は同じです。下の囲みにメッセージを書き込むか、マイクボタンやヘッドフォンボタンで音声入力して、チャットをします。

》「カスタム指示」で自分用に改良しよう

　ChatGPTには**「カスタム指示」**という便利な機能があります。自分のニーズや好みに合わせてChatGPTを改良できるのです。**無料版でも有料版でも、1つの指示を設定**することができます。

　カスタム指示を使えば、ChatGPTがあなたの期待に沿った回答をしてくれるので、仕事の用途に合わせたやり取りができます。

　設定の方法はとても簡単です。Web版、iOSやAndroidのアプリ版などのどれからでも設定できます。また、いつでも設定を変えたり、無効にしたりすることが簡単にできます。

　カスタム指示には2つの入力欄があり、「自分の情報」と「ChatGPTにどのように回答してほしいか」を書きます。それぞれ1,500字まで書くことができます。次ページの例を参考に、あなたの仕事により合った活用ができるように設定してみましょう。

●「ChatGPTにどのように回答してほしいか」の記入例

英会話の先生	あなたはとても優秀でフレンドリーな英会話の先生です。 ・あなたの役割は、文法、語彙、発音、理解力など、私の英語力を向上させることです。 ・私の現在の英語力にふさわしい回答にしてください。わかりやすい説明、翻訳、例、必要に応じて実践的な演習を提供してください。 ・必要に応じて、英語と日本語を両方使ってください。
インターネット検索	あなたは日本一優秀なインターネット調査員です。インターネットで多角的に調べて、中立的な視点でできるだけ詳しくレポートしてください。 ・日本語だけでなく、英語の情報もインターネットで調べてください。 ・日本語で常に書いてください。 ・調べた情報に基づき、事実を書いてください。 ・参照したURLを必ず書いてください。
ビジネスのアイデア出し	あなたは、日本一経験豊富なビジネスのコンサルタントです。 メッセージに書かれた情報を基に、これまでありそうでなかった面白いアイデアを10個、書いてください。 出力する文章は、ビジネスの初心者でもわかる易しい文体で書いてください。
企画書を書く	あなたは、日本一の企画書のコンサルタントです。 メッセージに書かれた情報を基に、上司が「わかりやすい」「面白い」とうなる企画書を書いてください。
メルマガやSNSなどの文章を書く	あなたは、日本一経験豊富なセールスライターです。 日本のブログ・メルマガ・SNSの発信ノウハウをたくさん持っています。 メッセージに書かれた情報を基に、1,000字の文章を書いてください。 出力する文章は、初心者でも理解しやすく、読者に寄り添い共感する文体で書いてください。

ビジネスに活用するなら有料版を

》最先端のAIを仕事に使いたいなら「有料版」

ChatGPTの「有料版」の大きな特徴は、31ページで紹介した「高度な音声モード」や、28ページで紹介した「OpenAI o1」など、最先端のAIサービスが、他社と比べて真っ先に搭載されやすいことです。

最先端のAIをビジネスにいち早く活用したい方は、ChatGPTの有料版を使いましょう。 4章と5章で解説しますが、仕事の生産性が圧倒的に高まります。

》「有料版」の始め方

ChatGPTの有料版（ChatGPT Plus）を使うためには**以下を参考に、アップグレードしましょう。**

有料版へのアップグレードは、Web版かアプリ版のどちらか1つで行えばOKです。他にも反映されます。

●パソコン（Web版）でのアップグレードの方法

●スマートフォンやタブレット（アプリ版）でのアップグレードの方法

「Plusを入手する」
をタップ

「Plusにアップグレードしてください」をタップ

Apple Payや
Google Payなどで
支払いの
手続きをする

≫ 法人・チームで活用するなら「チームプラン」もお勧め

　ChatGPTの有料版は、1アカウントで加入できる個人プラン（ChatGPT Plus）だけでなく、**2アカウント以上で加入できるチームプラン**があります。

　法人や組織でChatGPTを活用したいときは、チームプランで契約すると便利です。**年600ドル/2アカウント**（1ドル150円換算で年9万円）から始められ、1アカウントにつき年300ドルで追加できます。チームプランの詳細は、OpenAI社の公式サイトで確認できます。

●ChatGPTチームプランの説明（公式サイト）

https://openai.com/ja-JP/chatgpt/team/

※表示する言語を、サイト上で日本語に変更できます。
　できないときはGoogle 翻訳などで日本語にしましょう。

» 人間のような「高度な音声モード」で話そう

P31で紹介したChatGPT有料版の**「高度な音声モード」**は、AIとの会話をこれまで以上に自然でスムーズにしています。ChatGPTを仕事で使うのも、音声での指示が主流になるかもしれません。

この高度な音声モードが使えるだけでも、ChatGPTを有料版にする価値があります（無料版も月に15分、試せます）。

●高度な音声モードの使い方　スマートフォン（アプリ版）の例

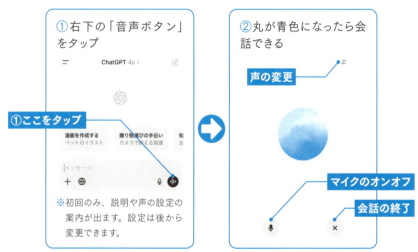

P74で解説した「カスタム指示」と併せて使いましょう。そうすれば、仕事のさまざまな役割を与えることができ、まさにそこに人間のアシスタントがいるかのようにコミュニケーションを音声でしてくれます。

●高度な音声モードの解説（公式FAQ）

https://help.openai.com/en/articles/8400625-voice-mode-faq

※英語のみなのでGoogle 翻訳などで日本語にしましょう。

AIが「深く考える」時代に突入！

» 「OpenAI o1」がついに高度な思考を始めた！

ChatGPTの有料版を解説するにあたって、P28で紹介した**「OpenAI o1」**も外せません。

この新しいモデルはこれまでのGPTシリーズと比べて、**複雑な問題に対する深い思考ができる**のです。企画の立案や高度なプログラミング課題の解決、さらにビジネス全般にわたる**戦略的な思考**をサポートしてくれます。

たとえば、以下の指示をしたとします。

> 加納敏彦が2025年にやると成功しそうな新規ビジネスのアイデアを、市場の変化を予測して、5つ考えてください。

P58で解説したように、私の情報や考えているビジネスについての情報を入れたほうがいいですが、上記のような指示をするだけでも**OpenAI o1は時間をかけてステップを踏み、じっくり考えてくれます。**イメージとしては

> 2025年に成功するビジネスのアイデアは何か？
> ➡ 加納敏彦とはどんな人物か？
> ➡ 加納敏彦に関連するビジネスは何か？
> ➡ それを踏まえて、2025年の市場はどうなりそうか？

などと、順番に自分で考えるのです。そのうえで

> 加納敏彦が2025年にやると成功しそうな新規ビジネスのアイデア

を考え、提案してくれるのです。

このように**「AI自らが深く考える」という点で、他のAIの一歩先を行く存在**となっていると言えるでしょう。特に高度な推論や論理性が要求される課題で力を発揮します。

この新しいシリーズはまだ始まったばかりですが、企業での複雑な意思決定や、学術的な研究でも、なくてはならない存在になっていくでしょう。P44で解説した「レベル２」に進化し始めたのです。いまからぜひ使ってみましょう。

●OpenAI o1の使い方

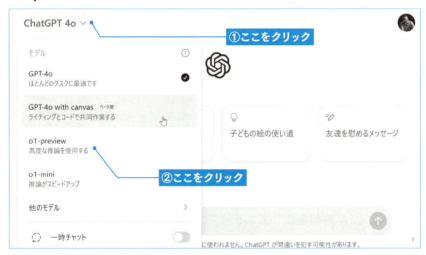

●OpenAI o1とGPT-4oの解説（公式FAQ）

https://help.openai.com/en/articles/9824965-using-openai-o1-models-and-gpt-4o-models-on-chatgpt

※英語のみなのでGoogle 翻訳などで日本語にしましょう。

文章の添削も修正もすべてお任せ

》「canvas機能」でAIとの新しい共同作業が始まった

　2024年10月、**ChatGPTの有料版に「canvas(キャンバス)機能」**が搭載されました（キャンバスは、美術で絵を描くときに使う布や板のことです）。

　このcanvas機能は、**ChatGPTで作った文章を、チャットとは別の画面でじっくり作業できる機能**です。たとえば、ChatGPTで文章やコードを書いた後に、文章の全体や一部に対して、AIにアドバイスをもらえます。こちらから「もっと読みやすくして」などと頼み、その部分を改善してもらうこともできます。

　編集やリライトなど、いろいろな作業をChatGPTの画面上でまとめてできるので便利です。ぜひ使ってみましょう。

●canvas機能の使い方

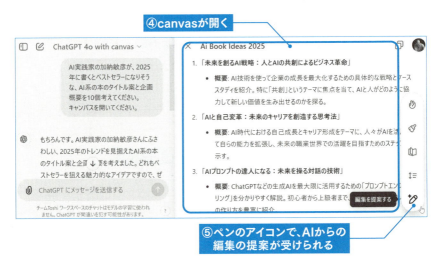

　10行を超える文章が書かれたり、チャットとcanvasを分けたほうがいいとChatGPTが判断したりすると、自動的に画面が左右に分かれ、右側に「canvas」が出ます。
　「canvasを開いて」などと指示をして、自分でcanvasを開くこともできます。

canvas機能によって、AIが文章全体やある部分に対して、アドバイスをしてくれるようになりました。たとえば「ここは抽象的なので具体例を入れたほうがいい」などと提案してくれるのです。さらに、それに同意すると、そのアドバイスの実行もしてくれるのです。このように**AIとの新しい共同作業**がスタートしたのです。

この機能をいち早く活用して、文章の作成やコードの作成をどんどん効率化していきましょう。

●**canvas機能の解説（公式FAQ）**

https://help.openai.com/en/articles/9930697-what-is-the-canvas-feature-in-chatgpt-and-how-do-i-use-it

※英語のみなのでGoogle 翻訳などで日本語にしましょう。

あなたの分身を作って仕事を倍速化！

» 「GPTs機能」で分身を作って、仕事をさせよう

ChatGPT有料版の強力な機能として**「GPTs機能」**があります。**ChatGPTを自分でカスタマイズして、オリジナルのChatGPTを何個も作れる**のです。「カスタマイズ」は「要求に合わせて直す」「特注で作る」「改造」するというような意味です。

この機能を使えば、**あなたの分身ChatGPT**を作り、ニーズや目的に合わせて仕事をさせることができます。

たとえば私は「加納敏彦 執筆GPT（AI活用事典）」というGPTを作って、本書の原稿の叩き台を書いてもらっています。

このGPTには事前に、私の考えや目指す文章のスタイル、私の文章例などを入力して、私らしい文章を書くようにカスタマイズしています。

そのGPTに企画書や目次案を与えて「１章の１を1,000字で書いてください」などと指示します。するとほんの数十秒で、私が書いたかのような文章が出力されるのです。私はその叩き台の原稿を修正するだけなので、ゼロから書くよりも何倍も速く本が書けるようになりました。

　このような自分の分身を「インターネット検索」「企画書作り」「リライト」「案内文作り」など、さまざまな業務用に活用しています。それによって仕事の効率が何倍にもなっています。

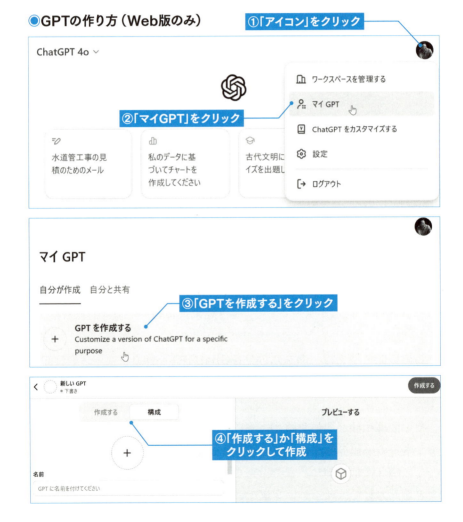

④の「作成する」は、ChatGPTと一緒にGPTを作ることができる画面です。「自分の代わりに私らしい文章を書いてくれるGPTを作ってください」「多角的にインターネットで調べて、詳しくレポートするGPTを作ってください」などとChatGPTに指示すると、ChatGPTがGPTを作ってくれるのです。GPTを初めて作る方にお勧めの方法です。

④の「構成」は、自分で「名前」「説明」「指示」などを入力して**GPTを作る画面**です。GPT作成に慣れてきたら、自分で入力する方が速く作れるでしょう。巻末の「三大プレゼント」から、私が作ったGPTsを読者の方限定でプレゼントしています。ぜひ受け取ってください。

このGPTs機能を活用すると、仕事の効率を飛躍的に向上させることができます。あなたもぜひ自分の分身に仕事をさせましょう。

現状、GPTを作れるのはWeb版とデスクトップ版アプリのみです。パソコンから作成しましょう。

» 有料版を試すなら、まずはChatGPTがお勧め

ここまで解説してきたようにChatGPTの有料版は、先端的で便利な機能がたくさん揃っています。そのため、**生成AIの有料サービスを初めて利用するなら、ChatGPTの有料版が特にお勧め**です。

たとえば、高度な音声モード、高度な推論（OpenAI o1）、canvas機能、カスタマイズ機能（GPTs機能）などがあるので、いろいろな仕事をスピーディーに行うことができます。

月額たったの20ドル（3,000円前後）で優秀なアシスタントが雇えるようなものです。仕事の生産性のアップはもちろん、クリエイティブな仕事のサポートも考えれば、投資に対する効果は十分に見合うでしょう。

AIを仕事に活かす最初のステップとして、ぜひChatGPTの有料版を試してみましょう。

次の項からは、シェア1位のChatGPTと比較しながら、他のAIチャットボットのサービスの特徴を簡単に解説します。

» 3-3

「Microsoft Copilot」がWord、Excel、Outlook、Teamsに革命を起こす？

「Microsoft Copilot」 は、Word、Excel、PowerPoint、Outlookなどの
Microsoft製品でAIを活用したい人に特に向いています。

» CopilotにもGPTモデルが使われている

「Microsoft Copilot」（通称「Copilot」）は、Microsoft社が提供している、
AIチャットボットです。MicrosoftはChatGPTを開発しているOpenAI社に
出資し、提携しています。そのため、**Microsoft CopilotもChatGPT
と同じGPTモデルをベースにしている**ようです。したがってChatGPT
に慣れている人はCopilotも使いやすいでしょう。

契約プランは「個人向け」と「法人向け」があります。まず個人向け
の「無料版」と「有料版（Microsoft Copilot Pro）」について解説します。

●Microsoft Copilot「無料版」「有料版」の比較表

無料版	有料版 月々3,200円 （Microsoft Copilot Pro）
基本的な機能が使える ●AIとチャットでやり取りができる ●AIがリアルタイムの最新情報を 　回答してくれる ●Windows、Microsoft Edge、 　Web、モバイルアプリ、で 　Copilotを使える ●画像を１日15枚作れる など	無料版の機能に加えて ●最新モデルが優先的に使える ●画像を１日100枚作れる ●無料のWebバージョンのWord、 　Excel、PowerPoint、Outlook 　（Microsoftのメールアドレスが 　必要）でCopilotが使える など

Microsoft CopilotのChatGPTにない最大の特徴は**Microsoft 365アプリ（Word、Excel、PowerPoint、Outlookなど）でもCopilotが使える点**です。特に、Outlookを使っている人にとっては長いメールの要約や返信文の下書きをCopilotがしてくれるので、とても便利です。

　ただし、**Copilot Proの契約だけでは、買い切り型のOfficeのアプリは使えません。**
　オフラインでも使え、高度な機能も使える「**デスクトップ版**」の**Microsoft 365アプリでCopilotを使いたい場合は、Microsoft 365の継続課金**（月々1,490円など）を現状、追加契約する必要があります。
　詳しくは以下を参照ください。

●Copilotについて（公式サイト）
https://www.microsoft.com/ja-jp/store/b/copilotpro

●Microsoft 365について（公式サイト）
https://www.microsoft.com/ja-jp/microsoft-365/buy/compare-all-microsoft-365-products

》「無料版」の始め方

　Copilotは、無料でも使えます。チャットでの文章作成や画像作成、インターネット検索が活用のメインである方は無料版でも十分役立ちます。
　CopilotはWindows版、Microsoft Edge版、Web版、モバイルアプリ版があります。アカウントを作らなくても使えますが、履歴などを記録できるので**アカウント（無料）は作りましょう。**

【Web版】
https://copilot.microsoft.com/

【Microsoft Edge版】
https://www.microsoft.com/ja-jp/edge/features/copilot

【モバイルアプリ版】
https://www.microsoft.com/ja-jp/microsoft-copilot/for-individuals/copilot-app

》「無料版」の使い方

　Copilotは2024年10月に、見た目（デザイン）や使い方を大きく変更しました。Web版で使い方を解説します。

» Copilotの「有料版」の始め方

　Copilotの有料版（Copilot Pro）を使ってみたい方は、P87で紹介したサイトから契約しましょう。**1カ月無料で試すことができます。**不明点なども「お問い合わせ」から電話やチャットで質問できるので、安心感があります。

　有料版のCopilot Proに契約すると、最新モデルが優先的に使えるだけでなく、実験中の最新機能も使えるようになります。有料版のメッセージを開くと「Think Deeper」という機能を使えるようになります。

　この**「Think Deeper」は、複雑な問題を解決するための深い推論ができる機能**です。このアイコンを押すだけで使えます。
　この機能は、OpenAI社の最新モデル「OpenAI o1」（P28）とよく似ていて、難しい数式を扱う問題や、ステップを明確にして進めたい複雑な作業に対して、時間をかけて考えてくれます。有料版にしたらぜひ使ってみましょう。

» 法人で活用するなら「法人契約」もお勧め

　Copilotの有料版には、法人向けの「Microsoft 365 Copilot」もあります。Copilotの有料版は、個人契約よりも、勤めている会社が法人契約をしていて仕事で活用するケースが多いでしょう。
　法人向けの「Microsoft 365 Copilot」は1人あたり月額4,497円で、より高度なセキュリティーや管理機能があるのが特徴です（これとは別にMicrosoft 365の法人契約が必要です）。

●**一般法人向け Microsoft 365 Copilot（公式サイト）**
https://www.microsoft.com/ja-jp/microsoft-365/copilot/business#

　勤めている会社がMicrosoft 365を導入している場合、それと統合されたCopilotも導入することが多いのです。**WordやExcel、PowerPointなどのMicrosoft Office製品とCopilotを連携することで、情報を検索する時間や文書や表などの作成にかかる時間が減らせます。**

　また、会議の議事録を自動で作ったり、大量のデータを素早く処理したりもできます。法人でMicrosoft 365を導入しているなら、Copilotの導入もぜひ検討してみましょう。

» 3-4

Gmail、Google ドライブと連動できる Google「Gemini」の統合力

「Gemini」の魅力は、普段使っているGmailやGoogle ドライブなどとAIが連携できるところです。Googleが開発したGeminiの魅力を解説します。

» Google サービスと連携できる「Gemini」

「Gemini」は、Googleが開発した最新のAIチャットボットです。テキストや画像、音声、動画、コードなどを理解して処理できます。独走するOpenAI・Microsoft連合に対抗できる一番のライバルと言えます。

» 「無料版」と「有料版」はここが違う

Geminiの無料版と有料版で、どんな違いがあるかを解説します。

無料版	有料版 月々2,900円 （最初の1カ月無料）
◉1.5 Flashモデルの利用 ◉長い会話のやり取りができる ◉文章やリストの作成、計画の立案、新しい知識の習得などをサポート ◉一度に複数のGoogle アプリから情報を引き出し、まとめて処理	◉次世代モデルである1.5 Proの利用 ◉最大1,500ページまでアップロードできる ◉Geminiの最新機能をいち早く利用できる ◉Gemini Advancedから直接Pythonのコードを編集、実行できる ◉Google One 2TBストレージの特典 ◉Gemini in Gmail、Gemini in Google ドキュメントなど（一部の言語で利用できる）

第3章 ChatGPTなどのAIアシスタントで面倒な「文章」も1分でうまく書ける

Geminiの無料版と有料版の違いも、ChatGPTやCopilotと似ています。**基本的な機能が使えるのが「無料版」、最新の高度なモデルや機能が使えるのが「有料版」**です。詳しくは以下を参照ください。

●**Geminiについて（公式サイト）**
https://gemini.google/advanced/

　ChatGPTに比べて、より多い情報を処理できるのがGeminiの特徴です。したがって、長文を書きたい方や長文を要約したい方、長い動画を処理したい方は、Geminiの方が合うでしょう。
　また、Geminiは、有料版はもちろん、無料版でも**高品質の画像が作れる「Imagen 3」（P130）が使える**のも魅力と言えます。

》「無料版」の始め方

　Geminiは無料でも使えます。チャットでの文章作成や画像作成、インターネット検索が活用のメインである方は、無料版でも十分役立ちます。
　利用方法はWeb版とモバイルアプリ版があります。アカウントを作らなくても使えますが、履歴などを記録できるので**アカウント（無料）は作りましょう。**

【Web版】
https://gemini.google.com/

【モバイルアプリ版】
https://gemini.google.com/app/download

92

Geminiの基本操作を解説します。何の操作ができるのかが書かれているので、直感的に使いやすいデザインになっています。

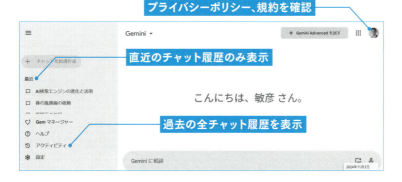

» GeminiでGoogle サービスがもっと便利になる

　Geminiの魅力は、Googleが提供しているさまざまなサービスとGeminiをつなげられることです。「設定」→「拡張機能」から、拡張機能をセットするページに行き、つなげたいサービスをオンにします（オンとオフはこのページでいつでも変更できます）。

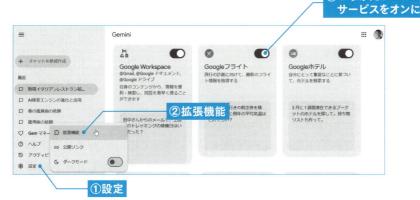

　たとえば、Google マップとGeminiをつなげれば、GeminiがGoogle マップにアクセスして、いろいろな作業をしてくれます。次ページの画像には載せていませんが、このメッセージの続きにはGoogle マップの地図も表示されています。

　このように、普段からGoogleのサービスを使っている人にとっては、各サービスとつながるGeminiは便利です。**Geminiが代わりにアクセスして、指示に沿った作業をしてくれる**のです。

　またGeminiには、ChatGPTの高度な音声モード（P31）と似た機能があります。それが**「Gemini Live」の音声チャット**です。現状Geminiのモバイルアプリからしか使えませんが**無料版でも使うことができます。**自然な形で、Geminiと流れるように会話をすることができます。会話を止めて詳細情報を追加したり、トピックを変えたりすることも自在にできます。ぜひ使ってみましょう。

》「有料版」の始め方

　Geminiの有料版（Gemini Advanced）を使ってみたい方は、以下のサイトから契約しましょう。**月々2,900円**ですが、**最初の１カ月を無料で試すことができます。**

●**Geminiについて（公式サイト）**
https://gemini.google/advanced/

Geminiの有料版には、ChatGPTのカスタム指示やGPTs機能のような、**Geminiを自分用にカスタマイズできる「Gem(ジェム)」という機能もあります。**より大規模なデータ処理やコードの実行、さらに詳細な画像生成ができます。

　Gemの作り方は簡単です。「Gemマネージャー」から、Googleが作成したGemをコピーできます。コピーした指示を基に書き直せば、すぐに自分用のGemを作ることができます。これはChatGPTにはない便利な方法です。このやり方で、Gemの指示の書き方を学ぶと早く慣れるでしょう。

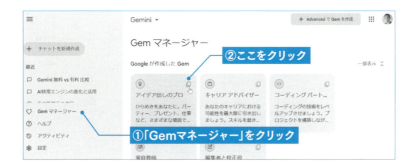

　もちろん、最初から自分でGemの指示を書くこともできます。作成画面にどう書けばいいかのガイダンスもあります。それに沿って書けばスムーズに指示ができます。

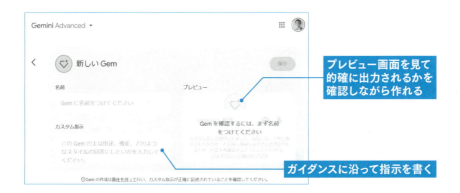

また、Geminiの有料版は、2024年10月にバージョンがアップして、**高度な数学の計算や難しい課題に対して、ステップを踏んで答えを出せるようになりました**。P28で紹介した「OpenAI o1」に対抗する進化です。この点でもOpenAIとGoogleはしのぎを削っています。

そして**Gemini有料版の最大の魅力は、Googleのさまざまなサービスと高度に連携している点**です。たとえば、GmailやGoogle ドライブを使っているときでも、AIがあなたの代わりにファイルを整理したり、必要な情報を自動で要約したりしてくれます。

これによっていままで以上に効率的な作業ができます。ここはChatGPTより優位な点と言えます。

» 法人で活用するなら「法人契約」もお勧め

Geminiの有料版には、**法人向けの「Gemini for Google Workspace」もあります**（利用するには、Workspace プランの契約が別途で必要です）。セールスのための提案資料をGeminiが作ってくれたり、顧客からの返信メールの作成をGeminiがサポートしたりと、Geminiの業務活用も進んでいます。

GeminiによるGoogle サービス全体の統合はまだ進化の途上ですが、Geminiは、私たちのビジネスや日常生活を大きく変える可能性を秘めています。Google サービスを日頃からよく利用している人で、AIによる統合的な活用にいち早く挑戦してみたい方は、Geminiをぜひ使ってみましょう。

3-5

AIをより安全に使いたい人には「Claude」がお勧め

安全なAIを目指すという独自の設計思想によって他とは異なるAIを提供している、Anthropic社の「Claude」についてこの項で解説します。

》 安全で頼れるAIパートナー「Claude」

「Claude」は、Anthropic社が開発したAIチャットボットです。Claudeは2023年3月にリリースされた、比較的新しいサービスです。ChatGPTを手掛けるOpenAI社の研究副社長だったダリオ・アモデイが独立して、開発しました。AmazonやGoogleなどが出資しています。

Anthropic社は、数あるAI企業の中でも、**倫理的なアプローチを特に重視している**と言われています。AIが善悪を見極めて適切なやり取りを行えるようにするために「憲法AI（Constitution AI）」と呼ばれる原則をシステムとして搭載しています。

他社が最先端の研究や開発の競争にしのぎを削る中で、**Anthropic社は安全性を特に大切にしている**と言えます。また、長い文章をとても自然に書けたり、長文ファイルの要約や複雑なデータの分析もできたりすると評判です。

ただし、**他に比べてサービス的にはやや使いにくい**と言えます。
サイトの日本語対応がされていない（チャット自体は日本語でやり取りできます）、インターネットの検索ができない、画像の生成ができない、音声チャットができないなどのデメリットがあります。
したがって、Claudeは初心者向けではなく、AI活用や英語に慣れている中級者・上級者向けと言えるでしょう。

◉Claudeの「無料版」「有料版」「チームプラン」の違い

　Claudeの無料版と有料版（個人プラン「Pro」とチームプラン）で、どんな違いがあるかを解説します。

無料版	Pro（プロ） 月額20ドル	チーム 月額25ドル （メンバー1人あたり/最低5人）
◉ウェブ、iOS、Androidでクロードと会話する ◉画像やドキュメントについて質問する ◉Claude 3.5 Sonnetへのアクセス	◉Claude 3 OpusとHaikuの利用 ◉無料版よりも使用制限がない ◉Claudeと共同作業するための「プロジェクト」を作成できる ◉新機能への早期アクセスなど	◉Proのすべての機能を利用可能 ◉Proよりも使用制限がない ◉チームメイトとのチャットを共有できる

　この表には使用できるチャットの回数が書かれていませんが、**無料版は「5時間で9回」の会話ができる**と予想されます。
　有料版（Pro）にすると、無料版の5倍のチャットができるようになったり、最速モデルが使えるようになったりします。Claudeの有料版にはチームプランもあり、5人から始めることができます。

≫ Claudeの「無料版」の始め方

　Claudeは無料でも使えます（5時間で9回程度）。試しに使ってみたい方は、無料版を使用してみましょう。

　ClaudeはWeb版とモバイルアプリ版があります。(メッセージアプリのSlack版もあります)

【Web版】
https://claude.ai/

【モバイルアプリ版】
◉**Google Play**
https://play.google.com/store/apps/details?id=com.anthropic.claude

◉**App Store**
https://apps.apple.com/us/app/claude-by-anthropic/id6473753684

≫ 「有料版」の始め方

　Claudeの魅力を味わうなら、Claudeの有料版（Pro）の契約が必要です。有料版を使ってみたい方は、以下のサイトからアップデートしましょう。個人契約の「Pro」は**月々20ドル**です。

◉**Claudeのアップデート（公式サイト）**
https://claude.ai/upgrade

Claudeの有料版には、ChatGPTでいうGPTs機能（P83）に近い機能があります。それが**「プロジェクト」**です。**Claudeのプロジェクトは、特定の業務やプロジェクトに特化してカスタマイズしたAIアシスタントを作成できる機能**です。

　一番の強みは、たくさんの情報を先に与えられることです。関連するファイルやテキストなどをプロジェクト内にアップロードすれば、その内容に基づいてAIが会話の背景を理解してくれます。これによって、文脈により合ったやり取りができます。

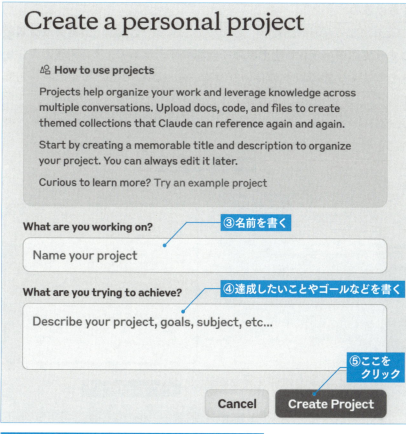

　Claudeの有料版にしかない特徴的なものとして**「Artifacts機能」**（アーティファクト）もあります。この機能を使うと**メインチャットの右側に専用のウィンドウ**が表示されます。たとえば、長い文章や図表などをAIと一緒に作ったときに、これを**後で修正したり参照したりできるように、別で保存し**

ておけるのです。

　ChatGPTの「canvas機能」と似ていますが、**Claudeの場合は有料版のすべてのチャットで使えるので便利**です。プロジェクト機能との併用もできます。20行以上の長い文章やClaudeが別にしたほうがいいと判断したときに自動で別ウィンドウが作られます。下の例のように「Artifactsを使って、別Windowにしてください」と指示をして生成させることもできます。

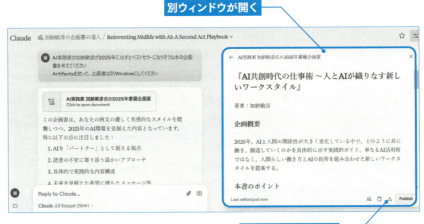

　さらに2024年10月に提供が始まった最新モデルの「Claude 3.5 Sonnet」は、性能や機能が大きく進化しました。たとえば「Visual PDFs」という機能について、**PDF内の画像や表などの視覚的な情報も解析できる**ようになりました。

　また、**AIが人間のようにコンピューターを操作する「Computer use」**という機能のベータ版も発表されました。まだ一般のユーザーは使えませんが、これが進化するとAIが直接パソコン上での操作をするようになるのです。仕事の効率化がさらに進むかもしれません。

　このように、Claudeは独自の設計思想の基で、便利な機能を進化させています。初心者向けではありませんが、興味がある方はぜひ使ってみましょう。

第3章のポイント

◎「ChatGPT」はAIチャットボット市場のトップを独走している。
自然な対話と革新的な機能を1つにまとめた「総合力」が強み。
まずはChatGPTを使うのがお勧め。

◎「ChatGPT」の有料版は、最新のAIモデルや
高度な音声モードを活用できる。
文章だけでなく、データ分析や画像の生成など、
ビジネス全般に使える幅広い機能が魅力。

◎「Microsoft Copilot」はWordやExcelなどの
Microsoft 365製品と連携し、
業務に特化した使い方ができる。

◎「Google Gemini」はGmailやGoogle ドライブと
統合されていて、Google サービスを多く使うユーザーに
利便性が高い。

◎「Claude」は安全性と倫理を重視する設計が特徴。
有料版は「プロジェクト」や「アーティファクト」など
高機能があり、AIの活用に慣れた中級者・上級者向けのツール。

用語についてのQ&A

AIについて勉強を始めた方から
よくいただく用語の質問や疑問、
不安などにお答えします。

Q1 「AIチャットボット」とは何ですか？

A AIチャットボットは、**「AI（人工知能）」「チャット（会話）」「ボット（ロボット）」** を組み合わせた言葉で、**AIを使って自動で対話できるプログラム** のことです。

テキストや音声を通じてユーザーとコミュニケーションをし、質問に答えたり、情報を提供したり、特定の作業を実行したりできます。

当初は、定型文を基にして答える「シナリオ型チャットボット」が主流でした。予め決められた質問と回答に対応します。このタイプはFAQ形式のサポートに合っていますが、未登録の質問には対応が難しい場合がありました。

最近のAIチャットボットはChatGPTなどの生成AIと連携することが一般的になりました。それによって、**より会話が自然になり、複雑な会話にも対応** できるようになりました。**カスタマイズした応答も可能** になっています。今後も **音声の対応や画像の認識などが進み、より広がっていく** ことが予想されます。

第**4**章

調べものも一瞬！
「AI検索」なら
まとめる時間も
大幅に節約できる

　情報を探す時間がもっと速くなるとしたら、仕事がどれだけ効率的になるでしょうか？

　これまでの私たちは「ググる」ことで必要なサイトを見つけ出して、それを自分で読み込んで調べていました。しかしAIによって、検索そのものが劇的に進化しています。「AI検索」を使えば、AIが情報を集め、わかりやすくまとめてくれるのです。これを活用すればこれまでのように多くの時間を使わなくても、求める答えを素早く得られるようになりました。

　この章では、そんな「AI検索」がどのように生活を変えるか、その魅力と活用法に迫ります。

4-1

「ググる」が時代遅れになる？
新登場の「AI検索」の魅力

「AI検索」は、あなたが知りたいことをAIが文脈に合わせて理解してくれ、
具体的な答えを提供してくれます。AI時代の新しい検索を解説します。

調べるだけでなく、情報のまとめまでお任せ！

　インターネット検索は、これまでキーワード検索が主流でした。インターネットで検索したいキーワードを入力すると、それに強く関連するウェブページのリンク集が提供されるという形です。つまり、情報源が提供されるので、それを基に知りたいことを調べて、必要な答えを探すのは自分でした。

　しかし、AIの進化で、インターネット検索のあり方が根本から変わりつつあります。その革命の担い手が「AI検索」のサービスです。
　AI検索は、あなたの質問や意図の文脈をAIがつかんでくれます。そして情報源を探すだけでなく、それを基に回答の形でわかりやすくまとめてくれるのです。

使い方は、ただ質問するだけ

　AI検索の大きな特徴は、**人間相手のような日常的な言葉でAIに質問ができる**点です。これまでの検索のように、適切な情報が見つかりそうなキーワードを吟味する必要がないのです。
　たとえば

「○○と××の違いについてわかりやすく教えて」

「○○の特徴について最新の情報を詳しく教えて」

　などといった質問を検索窓に入力すればOKです。人間に質問するのと同じような感覚でAIに質問をすればよくなりました。

「インターネットで調べたいことがあるけれど、どういうキーワードを入力したらいいかがわからない」などというときに、特にAI検索は役立ちます。

●「キーワード検索」と「AI検索」の比較表

	キーワード検索	AI検索
調べ方	●キーワードを入力する	●AIに質問をする
情報提供の形	●キーワードに強く関連するウェブサイトの一覧集が提供される	●AIが情報を調べて、答えの形に整理してくれる
メリット	●速い ●キーワードが明確な調べものがしやすい	●キーワードがあいまいなときや複雑な質問にも対応できる

» 複雑で長い質問への答えも出せる

　AI検索は複雑な質問についても的確に答えを出す力を持ちつつあり、特にビジネスや学術分野での活用が進んでいます。

　たとえば、長文の細かい質問でも文脈を正確につかんでくれます。そのため、これまで手間と時間がかかっていた情報の収集が、驚くほど短時間で行えるようになってきています。

もちろん、AI検索にはまだいくつかの課題もあります。
　たとえば**AIが集めた情報が本当に信頼できるのか**、また、偏りがないかという課題があります。特に、AIが誤った情報を出力してしまう「ハルシネーション（幻覚）」という問題はまだ残っています。しかしこれも、日進月歩で正確性が上がっています。
　AI検索のシェア1位の「Perplexity(パープレキシティ)」のように、検索結果の根拠となるサイトをわかりやすく表示して、ユーザーがその信頼性を自分で確認できる仕組みを持ったものも増えています。

　また、AI検索がビジネスとして成り立つかという課題もあります。これまでのインターネット検索は、検索結果にさりげなく広告を載せることで利益を上げていました。
　AI検索のビジネスは現状、高度な検索の利用を有料課金にしているところが多いです。しかし「お金を払ってでもAI検索をしたい」と多くの人に思わせられるほどの付加価値を提供するのは簡単ではありません。

　このように、課題もありながら、日進月歩で進化しているのが「AI検索」です。
　この4章では、AI検索で1番人気のPerplexityを中心に、私が「これは役立つ！」とお勧めできる検索サービスを紹介します。

4-2

AIが広く調べて、わかりやすく整理！「Perplexity」が変える検索の方法

「Perplexity」は、調べものやリサーチを格段にスピーディーにしてくれる強力なツールです。その活用方法を解説します。

≫ Perplexityが「AI検索」を生み出した

「Perplexity（パープレキシティ）」は、アメリカのPerplexity AI社が提供しているAI検索１位のサービスです。P68で紹介したAIチャットボットのシェアランキングでも４位になっています。Perplexityによって「AI検索」という概念が誕生したと言っても過言ではありません。私の実感ではPerplexityが一番正確に情報を調べてくれます。AI検索を試したい方は、まずPerplexityから使ってみましょう。

≫ Perplexityの始め方

Perplexityは無料でも使えます。以下からアクセスしましょう。

●Perplexity
https://www.perplexity.ai/

アメリカの会社のサイトなので、最初にアクセスすると英語になっている場合もあります。そのときは、右下の言語の設定で「Japanese（日本語）」に変更しましょう。アカウントは登録しなくても使えますが、検索の履歴などを残せるので、左のSign Upからアカウントを作りましょう。

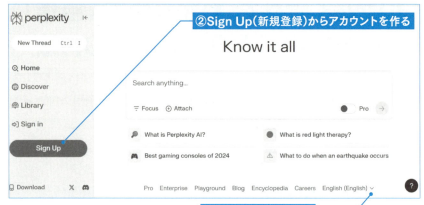

使い方は簡単！

　Perplexityの使い方はとても簡単で、知りたいことを検索窓に質問するだけです。するとその質問の答えを、AIがリアルタイムでインターネットから情報を集めてくれて、**読みやすい回答**を瞬時にレポートしてくれます。

Perplexityは**複数の情報源の内容をまとめてくれるので**、自分で何ページも読み込み整理する必要がありません。

さらに、回答に使われた情報源（ソース）へのリンクも常に表示されるので、自分でも確認ができ、**信頼性の高い情報収集**ができます。

また「フォローアップを尋ねる」からチャット形式での追加の質問もできるので、掘り下げた調査までできます。AIがまるで「インターネット調査員」のようにサポートしてくれるのです。

●Perplexityの「無料版」と「有料版」はここが違う

標準（無料）	Pro（月々20ドル）
◎無制限のクイック検索 ◎1日に3回のPro検索 ◎速度と質に優れた標準的な Perplexity AIモデル ◎プロファイルを作成して回答を パーソナライズする	◎無制限のクイック検索 ◎1日300回以上のPro検索 ◎お好みのAIモデルを選択できる （GPT-4、Claude-3、 Sonar Large（LLaMa 3.1）など） ◎無制限のファイルを アップロードして分析する ◎Playground AI、DALL-E、SDXL などを使用して回答を視覚化 ◎月5ドルのAPIクレジットを獲得

無料版と有料版（Pro）の一番の違いは、GPT-4oなどの最高モデルのAIが検索してレポートしてくれる「Pro検索」の使用回数です。無料版でも1日3回のお試しができますが、有料版なら1日300回以上も使用できるのです。

「Pro検索」は無料版でも使えるのでぜひ試してほしいのですが、明らかに検索の精度や深さが変わります。複雑な質問にも的確に答えてくれる確率が高まるので、無料版の利用でも「Pro検索」を使いましょう。

第4章　調べものも一瞬！「AI検索」ならまとめる時間も大幅に節約できる

また、有料版だけの機能として、**画像の生成**ができます。1日に作れる画像は50枚までです。P126で紹介するDALL·E 3など３つの画像生成AIから選べます。ただし、個人用の使用しか許可されていないので、商用の利用はできません。注意しましょう。

　他にも**「Pages」という機能で、Wikipediaのような形式でページを作ることができます。**これを使うと、あなたがまとめた調査の結果を簡単に人と共有したり、他のユーザーと一緒に編集したりすることもできます。この機能は、**チームでのプロジェクトや長期の研究**にもとても役立ちます。

　このように、Perplexityは検索の方法を変える力を持っています。ぜひ使ってみましょう。

4-3

ブログのように整理してまとめてくれる「Genspark」がいまなら無料で使える！

AI検索サービスの「Genspark」は、人間が書いたブログのように、体系的に整理して情報をまとめてくれます。注目のAI検索サービスを解説します。

新時代のAI検索エンジン

　この項で紹介する「Genspark（ジェンスパーク）」は、アメリカのGenspark社が2023年にスタートさせた、AI検索の中でも比較的新しいAI検索サービスです。

　シェアや知名度はまだあまり高くありませんが、私がとても注目しているので、この項で紹介します。

　執筆時点で有料版はまだなく、ビジネスモデルを模索しているという印象です。ぜひ使ってみましょう。

Gensparkの始め方

　Gensparkには現状は有料版がなく、**すべてのサービスが無料で使えます。** 以下からアクセスしましょう。

●Genspark
https://www.genspark.ai/

　アメリカの会社のサイトですが、アクセスすると最初から日本語になっています。もしも英語で表示されたら、右上の言語設定で日本語にしましょう。アカウントは登録しなくても使えますが、検索の履歴などを残せるので、サインアップからアカウントを作りましょう。

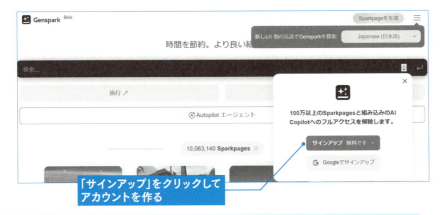

» 使い方はとても簡単！

Gensparkの使い方もPerplexity同様にとても簡単です。知りたいことを検索窓に質問するだけです。するとその質問の答えを、AIがリアルタイムでインターネットから情報を集めてくれて、**読みやすい回答**を10～20秒でレポートしてくれます。

» 情報を体系的にまとめてくれる

　左ページの回答例を見てもわかるように、Gensparkの最大の特徴は、単に情報を要約するのではなく、**AIが情報を体系的にまとめてくれる**ところにあります。優秀な人間がそのテーマで書いたブログ記事を思わせるようなまとめ方をしてくれ、驚くことも多いです。この点は、Perplexityを上回っているという印象を私は持っています。

　Perplexityと同様に、Gensparkもチャット形式で追加の質問もできるので、AIと情報の深掘りもできますし、調べるといいであろう関連テーマまで提案してくれます。

　また、PerplexityのPages（P112）と近い機能もあります。それが、ユーザーが記事ページを作成できる**「SparkPage」**です。

　さらに、Gensparkの他にない特徴として**「ファクトチェック」**という機能があります。ファクトチェックとは、情報が事実（ファクト）に基づいているかどうかをチェックすることです。**GensparkのAIが、文章の中で事実かどうか疑わしい部分を抽出してくれて、それが正しいか調べてくれる**のです。優秀な秘書を雇っているような感覚になります。現状、この機能も無料で使えるので、ぜひ使ってみましょう。

» 有料版の検討もされている

　Gensparkのすべてのサービスが、現状は無料で使えます。現在は投資家の資金で運営されていますが、事業としてどう成り立たせていくかは今後の大きな課題です。将来的にはさらなる高度な機能を導入して、有料版を作ることも視野に入れています。

　Gensparkの今後に注目しつつ、無料のうちにぜひ活用してみてください。

4-4

検索の結果を素早く要約してくれる！Googleの「AI Overviews」も便利

Googleの新機能「AI Overviews」は、AIが自動で検索結果の要約を作ってくれます。この便利な機能を活用する方法を解説します。

» AI要約でGoogle 検索がもっと便利に

AI検索サービスが普及する中、検索サービスの王者であるGoogleも黙って見ているわけではありません。

P91でAIチャットボットとして紹介した**Googleの「Gemini」でも、AIがインターネット検索の情報を基にして文章を生成する**ようになっています。

そして、Googleが検索でテスト的に提供している**「AI Overviews」**も、これまでの検索を大きく変える新しい技術として注目されています。

この機能では、**Google 検索をするとAIが自動で情報の要約を作ってくれて、一番上に表示してくれる**のです。Google 検索中に、求めている答えを素早く手に入れることができます。調べ物をするときに、リンクを1つずつクリックして確認する手間が省けます。

この機能は「Search Generative Experience（SGE）」として2023年に発表されて、2024年に世界中で使えるようになりました。ただしまだ「試験運用版」で、改良が続いています。

●「AI Overviews」の表示画面

》「AI Overviews」を設定しよう

　試験運用されている**「AI Overviews」機能をいち早く使いたい方は、設定をする必要があります**（設定の解除もできます）。

　設定は簡単です。以下のURLからGoogleのページに行きます。
https://www.google.co.jp/
　右上にあるフラスコのようなアイコン（Search Labs）をクリックします。Search Labsのページに行くので「オンにする」をクリックします。（もう一度押すとオフになります）あとは、Google 検索をするだけで、AIの要約が始まります。

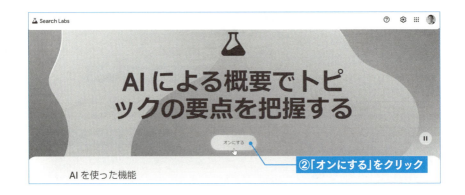

　ただし、現状は常に要約されるわけではありません。複雑な質問だと要約がされないようです。必要に応じて、この機能が作動します。
「〇〇とは　わかりやすく」など、要約しやすいキーワードだと、作動しやすい印象でシンプルな調べものをするのにとても便利です。ぜひ使ってみましょう。

》広告を表示する取り組みがアメリカでスタート

　ただし、Googleの収益の中心は、検索結果と一緒に並べる広告です。この「AI Overviews」の要約は、ユーザーに広告を読まなくさせる可能性もあり、自分たちのビジネスモデルを破壊するリスクもあります。収益化の模索もGoogleでは続けられています。

　2024年10月から、このAI Overviewsの要約の近くに広告を表示することをGoogleはスタートしました。まずアメリカのモバイルユーザーから先に開始されていて、日本ではまだ始まっていません。他の国でも徐々に展開される予定です。いまの検索サービス王者のGoogleが「AI検索」にどう対応していくかも注目したいところです。

4-5

OpenAI社が検索の覇権も狙う！AI検索「ChatGPT search」を開始

ChatGPTを手掛けるOpenAI社も「ChatGPT search」というサービスで、検索の分野への進出を始めました。それについて解説します。

» OpenAI社が狙う、次の一手

　ChatGPTを運営し、生成AI分野で独走しているOpenAI社は2024年10月末、「**ChatGPT search**（チャットジーピーティ サーチ）」をスタートしました。

●ChatGPT searchの説明（公式サイト）
https://openai.com/index/introducing-chatgpt-search/
※英語のサイトなので、Google 翻訳などで日本語にしましょう。

　ChatGPT自体が人間の思考や言葉を高度に理解するように進化していますが、このChatGPTの能力をフルに使って、検索サービスを一新させようとしているのです。検索市場をほぼ独占している王者Googleに真っ向勝負をかけています。

» ChatGPTがAI検索にも革命を起こす？

　このChatGPT searchは、**ChatGPTに質問するだけで、インターネットの最新の情報からスピーディーに答えを作る**サービスです。
　まずは、ChatGPTの有料版に搭載されました。近い将来、無料版にも搭載されると発表されています。
　使い方は簡単です。**メッセージのところにある地球マークを押して、調べたいことを入力するだけ**で瞬時に検索してくれます。

　もしくは、これまで通り**「○○について、インターネットで調べてください」などと指示**をしてもこの機能が作動します。

　また、前ページで紹介している公式サイトから、**Google Chromeの拡張機能として使う**こともできます。

» 著作権を保護する新たな挑戦

　ChatGPT searchが他のサービスと異なるのは、**パブリッシャー（書籍、雑誌、新聞、その他のメディア）との提携を強く打ち出している**ところです。著作権を保護する姿勢を打ち出しています。パブリッシャーからのフィードバックを受けながら、サービスを改良しています。

　AI検索でAIが情報源の内容を自動でまとめると、ユーザーが情報源を読まなくてもよくなります。「AI検索の便利さ」と「情報源の権利の保護」という難しい両立を、OpenAI社がどう実現するのか、今後の進化に期待しましょう。

　このように、AIによる検索はまだ始まったばかりで、各社が模索を続けています。**私たちの情報の探し方や発信の仕方に大きな変化をもたらすことは間違いありません。**いますぐ活用して、AIによる検索に慣れておきましょう。

第4章のポイント

● 「AI検索」によって、調べ物の時間が劇的に短くなる。
AIが質問の文脈をつかみ、必要な情報を自動でまとめてくれる。

● 「Perplexity」は、複数の情報源を瞬時に集めて、
わかりやすい答えを作ってくれるAI検索サービス。
情報源へのリンクが明示されるので、内容の確認も簡単。

● 「Genspark」は、情報を体系的に整理し、
人間が書いたブログのように
わかりやすくまとめてくれるAI検索サービス。
ファクトチェックの機能もあり、正確な情報を提供してくれる。

● Googleも「AI Overviews」という新機能で、
検索結果の要約を自動で生成するように。
検索効率が向上する一方、広告ビジネスとの両立が
課題となっている。

● OpenAI社も「ChatGPT search」を開始。
ChatGPTの技術を駆使し、
著作権を保護しながらAI検索を革新しようとしている。

第4章　調べものも一瞬！「AI検索」ならまとめる時間も大幅に節約できる

エラーについてのQ&A

AIサービスを活用し始めたときに起こる
「エラー」についての
質問にお答えします。

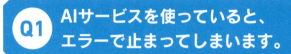

Q1 AIサービスを使っていると、エラーで止まってしまいます。

A まず確かめたいのは、**Google Chromeの自動翻訳（Google 翻訳）の機能がオンになっていないか**です。Google Chromeなどの翻訳機能がオンになっているとAIサービスが正しく動作しないことがよく起こります。これによって、エラーメッセージが表示されたり、指示をしても何も出力されなかったりするのです。

AIサービスを使うときはGoogle Chromeなどの自動翻訳の機能はオフにしておきましょう。具体的には、アドレスバーにある「Google 翻訳」アイコンをクリックして「日本語」となっていたら「英語」を選択します。さらに「英語を常に翻訳」のチェックを外しておくこともお勧めします。

ただし、AIサービスのWebサイトは英語のみのことも多いので、自動翻訳は欠かせないツールになっています。そこで、**英語のWebサイトを翻訳したいときだけ手動で翻訳をオンにしましょう。読み終わったらオフにします。**

もしこれでも解決しないときは、Google Chromeなどの他の拡張機能が動いていないかチェックしてみましょう。

第**5**章

絵心やセンスがなくても大丈夫！
プロ並みの「イラスト」がAIで作れる

　5章では、絵心がない方でもプロ並みのイラストを簡単に作れる画像生成AIの魅力を紹介します。

「自分には絵のセンスがないから無理だ」と思っていた方も、AIを活用することで思い描いたビジュアルをすぐに形にできる時代です。まるで魔法のように自分の中のイメージを表現できるのが、生成AIの素晴らしいところです。

　安心して使えるAIサービスの選び方や具体的な活用方法を解説し、誰でも手軽にクリエイティブな作品を作り出す方法をお伝えします。

5-1

安心して使える
サービスを選ぼう

画像生成AIの活用が広がる中、著作権などの問題がクローズアップされています。何が論点になっているか、何に注意すればいいかを解説します。

» AIで作ったものの著作権は誰のもの？

　イラストや写真などの画像を作ってくれるAIがどんどん進化しています。AIをうまく使えば、ビジネスや個人のプロジェクトがもっと楽しく、簡単になります。

　AIの普及とともに

> **「AIで作った画像の著作権って誰のもの？」**

というテーマも注目されています。

　実は各サービスの利用規約ごとに異なります。**AIサービスの多くは、ユーザーに著作権を渡すという規約になっています。**しかしサービスによっては、著作権はサービス側にあるとなっていることもあるので注意が必要です。使うときには利用規約をよく確認しましょう。

　ただし、**誰かの既存の作品にそっくりな画像を作ってしまうと著作権の侵害になってしまうことがあります**（著作権についてはP142で解説）。

　たとえば、作者名や作品名などをAIに指示して、その人の作品とそっくりな画像をAIが作った場合、著作権の侵害になり著作権を持っている人から訴えられる可能性もあります。したがって、**生成AIを活用するときは、著作権侵害にならないようにコンテンツを作る必要があります。**たとえば、作者名や作品名などはAIへの指示に入れないようにします。これは画像だけでなく、文章や動画などでも同じです。

» 「AIと著作権」の議論が続いている

また、以下のような議論も国際的にされています。

> 「そもそもAIを使って生成したコンテンツに著作権はあるのか？」
>
> 「生成AIのサービスを開発するために、インターネット上などの作品を学習させるのは合法なのか？」

など、考えは国や地域、立場などによって異なるため**世界基準としての結論はまだ出ていません。**この議論の行方を追っていく必要があります。

ただ、日本の著作権法では「AIを使って生成したコンテンツにも著作権はありうる」「生成AIのサービスを開発するために、インターネット上などの作品を学習させるのは、基本的に合法」という立場を取っています。

● 文化庁の「AIと著作権について」
https://www.bunka.go.jp/seisaku/chosakuken/aiandcopyright.html

日本国内の仕事では日本の法律が基本的に適用されるので、生成AIは仕事やビジネスにも活用できます。世界基準の結論が出ていないことを恐れすぎる必要はありません。現状の法律や利用規約などを正しく守り、AIを適切に、そして積極的に活用していきましょう。

次の項から、ユーザーの権利になる画像生成AIサービスの中で、特にお勧めのものを紹介します。

» 5-2

言葉で伝えるだけで簡単に絵が描ける ChatGPT「DALL·E 3」の魅力

絵を描くのが苦手でも、AIがその課題を解決してくれます。「DALL·E 3」は、言葉で指示するだけで簡単にイメージ通りの画像を作成することができます。

» 言葉で指示をするだけで画像が作れる！

　OpenAI社の画像生成AI「DALL·E 3」は、「こんな絵を描いて」と**文章でAIに指示を入力するだけで、驚くほど本格的な画像が作れます。**絵心やセンスがなくても、プロのようなイラストや画像が作れてしまうのです。しかも、**DALL·E 3はChatGPTでも使えるので、使い方も簡単です。**ChatGPTを使ったDALL·E 3の使い方を解説します。

» とても簡単！ ChatGPTで描いてみよう

　P68で解説したように、ChatGPTはAIチャットボットのシェアの約60％を占めています。そのため、いま一番使われている画像生成AIもおそらくDALL·E 3です。画像生成を活用したい方は、まずはChatGPTを使ってDALL·E 3で描けるようになるといいでしょう。

　使い方は簡単です。ChatGPTのメッセージに

> 「○○の絵を描いてください」

> 「○○の画像を作ってください」

　などと指示するだけです。Web版でもアプリ版でも作成できます。
　ChatGPTの有料版の方は「ChatGPT-4o」を使うといいでしょう（無料版でも1日2枚、画像生成ができます）。

● **画像生成のための指示の例**

　上記の例のように、「こういうものを描いてほしい」というあなたの要望やイメージをいろいろと書いてみましょう。そうすればその文脈をChatGPTがつかんで画像にしてくれます。

「縦長で描いてください」

「横長で描いてください」

　などを指示することができます。その指示をしないと正方形で作られます。

　この指示で生成された画像がこちらです。

ChatGPTで画像生成するメリットは、AIとチャット（対話）しながら修正できるところです。AIが作ってくれた画像に対して

| 「もっと優しい雰囲気にしてください」 |
| 「もっとダイナミックにしてください」 |

などと対話をしながら、どんどん修正していくこともできます。

» 有料版なら、画像の部分修正もできる

　AIで画像生成をしていると「全体的にはいいけど、この部分だけ直したい」などと思うことがあるかもしれません。ChatGPTの有料版なら、部分的な修正も簡単にできます。その方法を解説します。

　まず、部分修正したい画像をクリックします。あとは以下の解説通りに操作します。

このように、部分的な修正もChatGPTに指示をするだけで行うことができます。この部分修正は、Web版でもアプリ版でも行うことができます。

画像生成のDALL·E 3と対話型のChatGPTが統合されたことで、**会話をするだけで画像生成ができるようになった**のです。これはとても画期的なことです。

» コンテンツの権利はユーザーのもの

また、ChatGPTやDALL·E 3の大きな利点の1つに、提供元のOpenAI社が、「権利はユーザーのものになる」と規約で明記していることも挙げられます。つまり、権利関係の障害がないため、ビジネスで非常に使いやすいのです。

この規約は無料版のユーザーにも共通です。

●OpenAI社の利用規約

> お客様と OpenAI の間では、適用法で認められる範囲において、お客様は（a）入力に対する所有権を保持し、（b）出力を所有します。当社は、出力に対する当社のすべての権利、権限、および利益（もしあれば）をお客様に譲渡します。

https://openai.com/policies/terms-of-use/

このように、ChatGPTのユーザーにとって、DALL·E 3はとても使いやすく、著作権もユーザーに帰属するので、初心者でも安心して始めやすいでしょう。

絵や画像を作るというクリエイティブな行為がとても簡単で身近なものになりました。絵心やセンスのない方でも、自分のアイデアを形にできるのです。ぜひどんどん使ってみましょう。

≫ 5-3

日本的な画像を作りたいなら Googleの「Imagen 3」が高品質

他の画像生成AIと比べて、特に日本的な表現が得意と評判の「Imagen 3」がGeminiで使えるようになりました。この項で解説します。

≫ Geminiなどで、無料で使える！

Googleが開発した最新の画像生成AI **「Imagen 3」**（イマジェンスリー）が、いま大きな注目を集めています。作る画像が美しいと評判だったのですが、P91で解説した対話型AIの **「Gemini」でも使える** ようになったのです（無料版でも使用可）。

もともと **「ImageFX」**（イメージエフエックス）というサービスだけで提供されていましたが、それがGeminiでも使えるようになり、操作がとても簡単になりました。また、日本的な表現が他の画像生成AIより上手だと言われています。そんなImagen 3のGeminiでの使い方を解説します。

≫ とても簡単！ Geminiで描いてみよう

Geminiでの使い方は簡単です。**Geminiのメッセージに**

「○○の絵を描いてください」

「○○の画像を作ってください」

などと指示をするだけ です。Web版でもアプリ版でも作成できます。

Geminiの有料版はもちろん、無料版でも画像をたくさん作れます。生成の回数に制限はあるようですが、Geminiのサイトに明記がされておらず、現状はかなりの枚数を生成できます。

● **画像生成のための指示の例**

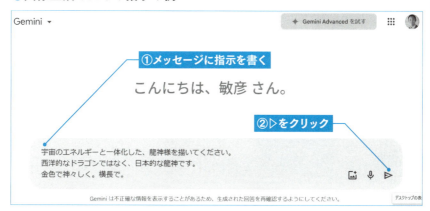

　上記の例のように、「こういうものを描いてほしい」というあなたの要望やイメージをいろいろと書いてみましょう。そうすればその文脈をGeminiがつかんで画像にしてくれます。

　この指示で生成された画像がこちらです（現状、Geminiでの画像生成は正方形で作られ、サイズの指定はできません）。

》 日本的な表現が上手い

　Imagen 3は日本文化や風景を反映したリアルな画像を描くのが上手で、SNSなどでも話題になっています。

> 「富士山と桜の木が並ぶ春の風景を描いて」

> 「東京のイラストを日本アニメのようにきれいに描いて」

などと指示してみましょう。日本人の感覚でも自然な画像を作ってくれることが多いです。最初の指示で生成された画像がこちらです。

» 著作権の明記がないので注意

ただし、Imagen 3 (ImageFXも同様)が仕事にやや使いにくいのは**提供元のGoogleが、生成AIで作られたコンテンツの著作権について明言していない**点です。Googleの利用規約にはこのように書かれています。

●Googleの利用規約

> Googleの一部のサービスは、ユーザーによるオリジナルコンテンツの生成を許可しています。Googleがそのコンテンツに対する所有権を主張することはありません。

https://policies.google.com/terms#toc-permission

「一部のサービス」にGeminiやImagen 3が該当するのかが規約には書かれていません。また「所有権」に著作権を含めているのかなど、解釈の余地があるようにも読めます。

世界的な企業であるGoogleは、まだ議論中である生成AIの権利について明言を避ける立場を取っているのかもしれません。

したがって、Imagen 3を使いたい方は、Googleの規約に注目しながら、**いったんは個人的な使用にとどめたほうが安全**かもしれません。

5-4 芸術的な画像は、Web版も開始した「Midjourney」がお勧め

2022年のサービス開始からトップランナー的な位置づけで人気の画像生成AIサービス、「Midjourney」について解説します。

» Web版がスタートし、操作が簡単に！

「Midjourney」は、同名の研究所が運営している画像生成AIサービスです。最新のAI技術を開発していて、**写真のようにリアルな画像や芸術的なイラストなどを簡単に作ることができます。**本格的な画像を作成したい人にとても人気があります。

Midjourneyは「Discord」というコミュニケーションアプリで主に利用されてきました。Discordでの画像生成の操作がかなり独特なため、初心者が使うには難解でした。

しかし2024年8月に**Web版のサービスが公開**され、画像生成の初心者でも簡単にMidjourneyが使えるようになりました。

» Midjourneyの始め方（有料プランのみ）

ただし、残念ながらMidjourneyには現状、有料プランしかありません。使ってみたい人は以下のWeb版からアクセスし、有料プランを契約しましょう。

●**Midjourney**
https://www.midjourney.com/

第5章 絵心やセンスがなくても大丈夫！プロ並みの「イラスト」がAIで作れる

「Sign Up」からアカウントを作り、自分に合った有料プランに入りましょう。月々10ドルから試すことができます。

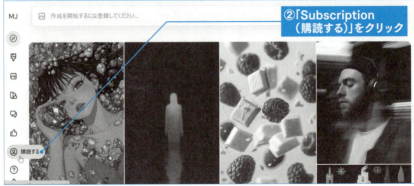

　アメリカの研究所のサイトのため、説明が英語で書かれています。英語が苦手な方はGoogle 翻訳などで日本語にしてください。
　ただし、Google 翻訳などをオンにしているとエラーが出やすくなります。説明は日本語で読み、英語に戻して操作をするとスムーズです。
　有料プランに加入したら、早速、画像を作ってみましょう。基本の使い方は簡単です。サイドバーの「Create」を押し、上にある「What will you imagine?」に指示を書きます。指示は日本語でも大丈夫です。

　Midjourneyは1回の指示で、画風が違う4種類の画像が作られます。気に入った画像があれば、その画像を基にしてさらに4種類の画像を作ることができます。

　画像に対してこのような指示ができます。

「V Subtle」	「V＝バリエーション（変化）」＋「Subtle＝微妙」 微妙に変化のある画像を4つ作ることができます。
「V Strong」	「V＝バリエーション（変化）」＋「Strong＝強い」 強く変化する画像を4つ作ることができます。

》権利はユーザーに帰属するので使いやすい

　Midjourneyが仕事に使いやすい点は、権利はユーザーが所有すると規約に明記されているところです。

●Midjourneyの利用規約

> 適用法の下で可能な限り、お客様は本サービスで作成したすべての資産を所有します。

https://docs.midjourney.com/docs/terms-of-service

　ただし、Midjourneyは既存の作品と類似しやすくなる傾向があります。くれぐれも作家名や作品名などは指示に入れないように注意してください。

　Midjourneyは、他にもさまざまな細かい設定ができるので、慣れると自分のこだわりをしっかり反映できます。そして、ここで解説した機能が使えるだけでも、**初心者がいきなりハイクオリティーな画像を作れてしまう**のです。本格的な画像を作りたい方は、Midjourneyもぜひ使ってみましょう。

5-5

企業の活用や商用利用には「Adobe Firefly」が一番安心！

第5章

絵心やセンスがなくても大丈夫！ プロ並みの「イラスト」がAIで作れる

企業が画像生成AIを導入するとき、特に注意する必要があるのが著作権などの権利侵害です。特に安心して使えるのが「Adobe Firefly」です。

» 著作権の侵害が心配な人にお勧め

著作権の侵害などを心配せずに、最も安心して画像生成ができるサービスとして人気なのが、アメリカのAdobe社が提供している「**Adobe Firefly**」です。

Adobe社は、Photoshop や Illustrator など、デザイン制作やWebサイト制作に使うツールを世界的に提供していて、プロのデザイナーやイラストレーターも多く使っています。

そのため、プロ向けのツールを提供するAdobe社は、プロが安心して使える生成AIのサービスを開発しています。

サービスが開始された頃は、画像生成の品質が高いとは言えませんでしたが、最近はクオリティーがとても上がっています。

企業として自社のビジネスで本格的にAIを活用したいけど、権利の侵害などが不安という方にまさにぴったりです。

» Adobe Fireflyは無料で試せる！

Adobe Firefly は、Web版で利用する方法と、Photoshop や Illustrator といったAdobe製品内のAI機能として利用する方法があります。

ここでは初めてAdobeを使う方向けにWeb版の使い方を解説します。**無料でも毎月25クレジット（基本的に1クレジットで1枚）**の画像生成ができます。

137

●**Adobe Firefly（Web版）**
https://firefly.adobe.com/

　右上の「ログイン」をクリックしてアカウントを作ると、画像が生成できるようになります。

Adobe Fireflyは1回の指示で4種類の画像が作られます。画面左の「一般設定」でさらに細かい設定ができます。

また、気に入った画像があれば、その画像を基にしてさらに別の画像を作ることもできます。

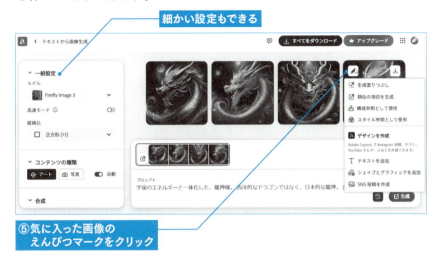

たとえば、このようなことができます。

類似の項目を作成	選んだ画像を基に、似た画像を作ります。
構成参照として使用	選んだ画像の構成（レイアウト）を踏襲して新たな画像を作ります。
スタイル参照として使用	選んだ画像のスタイル（描き方や画風）を踏襲して新たな画像を作ります。

有料プランは、毎月250クレジットが付与されるプレミアムプラン（Adobe Express）月々1,180円を始め、多様なプランがあります。画面の上にある「アップグレード」から契約できます。

》 権利関係の対策がしっかりしているので安心

　Adobe社は、生成AIのサービス開発にあたって**インターネット上にあるコンテンツは学習させず、許可の取れているものや権利を持っているものだけを学習させています。**

　また、著作権などを侵害する画像が作られることがないように設計されています。もし権利を侵害してしまった場合も、プランにより最大で100万ドルまで補償する制度も設けているのです。

　このように、Adobe社のAIサービスは、画像生成系のサービスの中で一番安心してビジネス利用ができます。

●**Adobe Fireflyによるアドビの生成AIへのアプローチ**
https://www.adobe.com/jp/ai/overview/firefly/gen-ai-approach.html

　Adobe Fireflyは、プロが商用利用（営利目的で使うこと）することを前提にした画像生成AIのサービスなので、安心して活用することができます。

　生成できる画像の枚数が課金に対してあまり多くないのがネックですが、ビジネス活用の選択肢としてぜひ持っておきましょう。

💡 第5章のポイント

◉ 画像生成AIは特に、利用する前に利用規約を確認する
ことが大切。著作権など別の人の権利の侵害を避けるために、
特定の作者や作品を指示しないように注意しよう。

◉ ChatGPTと連携する「DALL·E 3」は、
言葉で簡単に画像を生成できる。修正も対話でできる。
権利もユーザーに帰属するため、
ビジネスやクリエイティブな用途にも使いやすい。

◉ 日本的な表現に強い画像生成AIがGoogleの「Imagen 3」。
Geminiの無料版でも利用できる。
ただし、権利についての明記がないので、
まずは個人利用をするのが安全。

◉ 芸術的な画像や写真のようなリアルな画像を作りたい人には
「Midjourney」がおすすめ。Web版も始まり、
初心者でも使いやすくなったが、有料プランのみ。

◉ 企業の活用や商用の利用は、「Adobe Firefly」が
最も安心できる。著作権の侵害リスクを避け、
補償制度も整備されている。

「AIと著作権」についてのQ&A①

AIと著作権についての質問や疑問、不安などにお答えします。

Q1 そもそも「著作権」とは何ですか？

A **著作権は、創作活動によって生み出された「著作物」に対して法律によって与えられる権利**のことです。その著作物を他人が勝手に使ったり改ざんしたりしないように、法律で守っているのです。

「著作物」は著作権法という法律で「思想又は感情」を「創作的」に「表現したもの」、「文芸、学術、美術又は音楽の範囲」に属するものというように定義されています。つまり、**自分なりに考え感じ、表現した創作物が著作物**です。

Q2 AIで作った作品に著作権はありますか？

A 日本の法律では、人だけで制作してもAIを使って制作しても、上記の「著作物」の定義は同じです。なので**AIを使って自分なりに考え感じ、表現した創作物であれば、その作品には著作権が発生します**。これは、文章でも画像でも動画でも音楽でもその他のものでも同じです。

ただし、著作権とAIについての考え方や解釈は、国や地域などによって異なり、議論が続いています。

※著作権についてのQ&AはP166に続きます。

第**6**章

「動画」の作成もAIで簡単に！
誰でもできる、カッコいい「映像」の作り方

　動画の制作といえば、かつてはプロの手を借りるしかありませんでした。しかしAIの進化によって、誰でも簡単にクオリティーの高い映像を作ることができるようになってきたのです。

　2024年の前半には、OpenAI社やGoogleを筆頭に、1分以上のリアルな動画を生成できる技術が発表され、映像制作の世界に革命が起きようとしています。2025年は「動画生成AI元年」と呼ばれるでしょう。

　6章では、最新の動画生成AIを活用し、初心者でも驚くほどカッコいい映像を作れるサービスを解説します。

》6-1

「動画制作」にAIを活用する新時代がまもなく始まる

AIの進化で、動画制作のハードルも下がっています。誰でも簡単に本格的な映像を作ることができる時代が、いよいよ到来しようとしています。

》 AIで1分の動画生成が可能になる！

AIを使った動画生成において、2024年は大きな進化がありました。**OpenAI社が2月に「Sora」、Googleが5月に「Veo」という、1分の映像が作れる革新的な動画生成AIを発表**しました。それまでは4〜5秒の動画しか作れなかったのに、まさに桁違いの発表をしたのです。動画生成AIの開発においても、この2社がリーダーとして先頭を走っていると言えるでしょう。

》 ノウハウがなくても高品質の映像制作ができる！

動画生成AIは、AIに文字で指示をしたり、画像や基となる動画をAIに与えてどう動かしたいかを指示したりするだけで、AIがリアルで本格的な動画を作ってくれるのです。これが普及すると、映像制作の初心者でも簡単に動画が作れるようになります。

ただし、高画質でリアルな動画を誰でもAIで作れるようになると、フェイク動画（本物に見える偽の動画）の危険が高まります。P124で解説した著作権の侵害をしない安全なAIを作れるかどうかも課題です。

OpenAI社とGoogleは、ツールの発表はしたものの、本書の執筆時点ではサービスをまだ開始していません。2024年11月のアメリカ大統領選挙の後から本格的に動き出すのではという憶測もあります。トランプ氏

が大統領になったことで、AI業界に大きな影響を与えそうです。**AIに対するいろいろな規制がアメリカで緩和されて、AI市場の成長がより促進される**のではないかと、私は考えています。

そんな中、P137で紹介したAdobe社が2024年10月、動画生成AIのサービスのベータ版（お試し版）の提供を開始しました。大手企業の提供開始は初めてのことです。

動画生成AIの爆発的普及は間近!?

これらの動画生成AIが各社で本格的にスタートすると、映画や広告、ゲーム、SNSの動画などの制作がもっと楽に簡単にできるようになります。クリエイティブな世界でのAIの役割がどんどん大きくなることは間違いありません。AIを使った動画制作は、これから私たちの身近なものになりそうです。

2025年は「動画生成AI元年」になるでしょう。というのも、**AIが映像の専門家だけでなく、一般の人にとっても動画の制作を身近にする**からです。家族のイベントの映像、ビジネスプレゼン用の動画、SNS投稿用の動画など、あらゆるシーンでクリエイティブな表現を誰もが楽しめるようになります。特にSNSでの動画の投稿が日常的になってきたいま、個性的な映像をAIで気軽に作り、発信するようになっていくでしょう。

次の項からは、これから爆発的に広がりそうな動画生成AIの最新事情を解説します。

6-2

動画生成を「無料」で試せる！特にお勧めのAIサービス３選

まずは「無料」で試してみたい方向けにお勧めの、動画生成AIサービスを紹介します。

≫ リアルな動画を手軽に作れる「Dream Machine」

最初に紹介する動画生成AIは、アメリカのLuma AI社が提供する「Dream Machine（ドリームマシン）」です。**テキストや画像から驚くほどリアルな動画を手軽に作成できるのが特徴**です。滑らかなカメラ操作やリアルなシーンの再現が特に高く評価されています。30～60秒程度で動画は生成されます。

無料プランでは、５秒程度の動画が月に30回作れます。まずは気軽に始めてみましょう。最初だけでなく、定期的にずっと無料で使える動画生成AIの中では一番、クオリティーが高いでしょう。

ただし、無料プランは動画生成の優先度が低く、サービスの混雑状況によっては生成できないことがあります。その時は5回・10回と試してみるか、少し時間を置いてください。

優先度を上げたり、もっとたくさん使いたくなったりしたら有料プランも検討するとよいでしょう。一番安いプランは月々9.99ドルのライトプランです。ただし、商用利用ができるのは29.99ドルのスタンダードプランからです。

●Dream Machine
https://lumalabs.ai/dream-machine

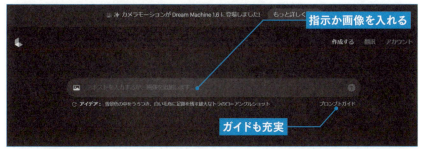

　ここでDream Machineで動画を上手く作るコツを3つお伝えします。

　1つめのコツは、**指示を英語で書く**ことです。日本語で書いても動画は生成されますが英語で指示を書いたほうがしっかり伝わり、質が高まることが多いです。

　また、Google 翻訳などでページを日本語にしているとエラーが起こりやすいです。動画を生成するときは元の英語に戻しましょう。

　2つめのコツは、**指示は具体的に明確に書く**ことです。具体的で明確な指示の例を「プロンプトガイド」から引用します。日本語もつけましたが、実際は英語で指示をしてください。

> A serene beach at sunset with waves gently crashing on the shore and seagulls flying in the sky.
> 夕暮れ時の静かなビーチで、穏やかに打ち寄せる波と空を飛ぶカモメ。

> The beach has golden sand and a few palm trees. The sky is painted with hues of pink and orange.
> ビーチには金色の砂と数本のヤシの木がある。空はピンクとオレンジの色合い。
>
> The video should feel peaceful and calming.
> 動画は平和で落ち着いた雰囲気であるべきです。

　最後に3つめのコツは、指示を入力すると右下に出てくる「Loop（繰り返し）」と「Enhance prompt（プロンプトの強化）」の**チェックを無料版では外す**ことをお勧めします。チェックをオンにするとサーバーに負荷がかかり、無料版では動画が生成されないことが多くなるようです。

> A Japanese dragon god, who is one with the universe, is flying dynamically. It is golden and divine.
> ■ Loop　■ Enhance prompt
>
> どちらもチェックを外す

　Dream Machineの動画のクオリティーは、いまあるサービスではトップクラスです。最初のお試しだけでなく、動画を毎月作れるのも魅力です。
　Dream Machineで動画生成AIに慣れておくと、近々リリースされるであろうSoraやVeoにもすぐ対応できます。いまのうちにたくさん作ってみて、動画生成のコツをつかんでおきましょう。

》毎日無料で動画が作れる「PixVerse」

　次に紹介するのは「PixVerse(ピックスバース)」です。このツールは**とにかく簡単に操作できる**ことと、**毎日無料で作れる**のが魅力です。毎日無料で作れる動画生成AIの中では一番、クオリティーが高いでしょう。

　テキストから動画を作ったり、画像を基に動画を生成したり、さらにはキャラクターを動かすこともできます。5秒と8秒の動画が作れ、動画は1～2分で完成します。

　PixVerseの魅力は、サイトが多言語に対応していて、**日本語に設定できる**ことです。サイトの説明がすべて日本語になるので、とても使いやすいです。**指示を日本語で書いても問題ありません。**私が確かめたところ、英語で指示を書いたときと質は変わりません。

　ただし、指示の理解力はあまり高くないので、具体的で明確な指示をする必要があります。

　動画は毎日無料で生成できます。登録時に100クレジット、毎日30クレジットがもらえます。15クレジットから1つの動画を作れます（設定によって使うクレジット数が変わります）。ちょっとしたアイデアを気軽に試してみましょう。有料プランは月々10ドルから契約できます。

●PixVerse
https://pixverse.ai/

　PixVerseには、面白い設定がたくさん準備されています。さまざまな効果を作れる**「エフェクト」**、アニメ・３Ｄアニメーション・クレイ（粘土）を選べる**「スタイル」**、縦横の比率を選べる**「アスペクト比」**などは**追加クレジットなし**で設定できます。

　特にエフェクト機能が手軽に面白い動画を作れるのでお勧めします。たとえば「Hug Your Love」を選んで横並びの画像を添付して「Create」を押します。たったそれだけで、ハグをする動画が生成されます。他にもいろいろあるので、気になるエフェクトをぜひ使ってみましょう。

横並びの画像から

ハグをする動画を生成

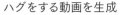

　ただし、最新のV3モデルか前のV2.5かを選ぶ**「モデル」**、動画の長さを5秒か8秒を選ぶ**「時間」**、HD（高解像度）かSD（標準）を選ぶ**「品質」**、通常かパフォーマンスを選ぶ**「モーションモード」**などは、高性能な方を選ぶには**追加のクレジットが必要**です。いろいろな設定を駆使して本格的な動画を作りたくなったら、有料プランがお勧めです。

　ただし、**商用利用は避けたほうがいい**でしょう。利用規約には「当社は出力コンテンツに対する所有権を主張しません」とはあるのですが、商用利用についての明言はありません。個人的な使用にとどめたほうが安全です。

無料かつ権利もユーザーに帰属する「Stable Video」

最後に紹介するのは、アメリカのStability AI社が提供する「**Stable Video**」。画像生成AI**Stable Diffusion**モデルを基にして作られた、**オープンソースの動画生成AI**です。「オープンソース」とは、設計図（ソース）が公開（オープン）されていて、誰でも使えるソフトやプログラムのことです。

Stable VideoもPixVerseと同じく**無料で毎日、動画が作れます。**毎日40クレジットがもらえ、それで3〜4回の動画生成ができます。テキストや画像から動画を作るやり方もとてもシンプルです。作るスピードもかなり速く、通常は30〜60秒程度で動画が完成します。

Stable Videoのサイトは英語しかありませんが、私が試したところGoogle 翻訳などでページごと日本語にして操作をしてもエラーは起きません。日本語で解説が読めて便利です。

指示も日本語で書いて問題ありません。英語で指示を書いたときと質は変わりませんでした。

ただし、指示の理解力はあまり高くないので、具体的で明確な指示をする必要があります。

●**Stable Video**
https://www.stablevideo.com/

　Stable Videoの魅力は、**テキストの指示から動画を作るときに、まず画像を4枚生成してくれ、その中から自分のイメージに合う画像を選べる**ことです。どの画像もイメージと合わなかったら無料でやり直すこともできます。

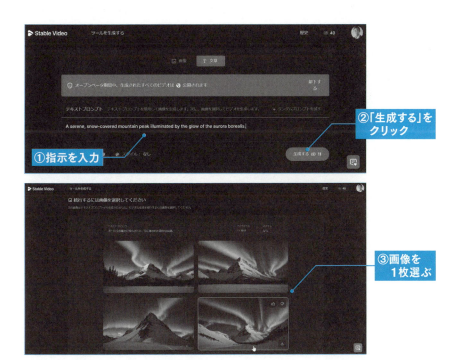

イメージに合う画像が見つかった後に、細かい設定を追加して動画を生成できます。そのため、自分のイメージに近い動画を作りやすいのが特徴です。

　また**作られた動画の所有権がユーザーに帰属する**と、利用規約で明記されているのもメリットです。利用規約には「お客様とStabilityの間では、適用法で許可される範囲において、お客様が本サービスを使用して生成したコンテンツの所有権はお客様に帰属します」と書かれています。

　ただし、Stable Videoは現在ベータ版（お試し版）のため、正式版がスタートしたら大きく変わりそうです。また、ベータ版で生成された動画は、指示や設定も含めてすべて公開される点も注意しましょう。指示や設定をお互いに使い合えてしまいます。そのため自分の独自性が出しにくいので、商用利用は避けたほうがいいでしょう。

　他にも有名な動画生成AIはありますが、無料で継続的に作り続けられるものはあまりありません。まずはこの3つを無料で試して、自分に合った動画生成AIを見つけるのもいいでしょう。

6-3

Adobe社が大手として初めて開始！「Adobe Fireflyビデオモデル」に注目

Adobe社が大手企業としてはいち早く動画生成AIのベータ版をスタートしました。その名も「Adobe Fireflyビデオモデル」です。

» ベータ版（お試し版）が無料で使える

Adobe社は2024年9月に、動画生成AI**「Adobe Fireflyビデオモデル」**を発表しました。そして10月、順番待ちリストに登録した人に対してベータ版（お試し版）を使えるようにしました。**動画生成AIをユーザーに使えるようにしたのは大手企業としては初**です（ただし、使えるようになるのに数週間、待たされます）。

さらに、**ベータ版は無料**で使えます（正式版の開始とともに価格が発表されます）。

「Adobe Firefly」はP137で紹介した画像生成のAIですが、その動画版がこのAdobe Fireflyビデオモデルです。これを使ってどんな映像が作れるかは、公式サイトで公開されています。ぜひ見てみましょう。

●**Firefly Web アプリでビデオを生成（ベータ版）**
https://blog.adobe.com/en/publish/2024/10/14/generate-video-beta-on-firefly-web-app

» 安心して使えるのが最大の魅力

Adobe社はP140でも解説したように、**著作権**などの権利を適切に扱いながら、**生成AIサービスを開発しています。**この方針はAdobe Firefly

ビデオモデルも同様です。

「知らないうちに、他人の権利を侵害していない？」「自分が作った作品がAIに学習されたり、人に使われたりしない？」などの不安に対して、Adobe社はしっかりした対策をしています。許可の取れているコンテンツだけをAIに学習させているので、人の権利を侵害したり、自分の作品が勝手に使われたりすることがないのです。

» 現状は数秒の動画のみ

ただし、**生成できる動画はいまのところ5秒程度**です。OpenAI社の「Sora」が1分であることを考えると、現状はかなり短いです。今後、どこまで長時間の動画が作れるようになるかに注目です。

権利関係の安心感はありますので、Adobe Fireflyビデオモデルをぜひ使ってみましょう。

以下のサイトから、順番待ちリストに登録できます。

●Adobe Fireflyビデオモデルを搭載したGenerate Videoをご紹介します。

https://www.adobe.com/products/firefly/features/ai-video-generator.html

ここから登録

6-4

OpenAI社の動画生成AI「Sora」が映像制作の本命になる

OpenAI社の「Sora」は、これからの動画生成AIをリードする本命のサービスです。その驚きの技術力や魅力を解説します。

» 1分の映像を創り出す「ケタ違い」の技術力

　ChatGPTを手掛けるOpenAI社は、「Sora(ソラ)」という新しい動画生成AIを2024年2月にいち早く発表しました(まだサービス提供はスタートしていません)。

　Soraは、テキストや画像・動画を基にして、最大で**1分のリアルな動画を作成**できるのです。P154で紹介した「Adobe Fireflyビデオモデル」が5秒であることを考えると、まさにケタ違いです。

　Soraは一部のクリエイターだけがテスト的に使用でき、作品はOpenAI社の公式TikTokで見られるようになっています。気になる作品をぜひチェックしてみましょう。どんな指示でその動画が生成されたかも書かれているので、参考にできます。

●**OpenAI社のTikTok(公式)**
https://www.tiktok.com/@openai

» キャラクターや物体の動きが格段に進化！

　Soraは、三次元空間での物体の動きを再現するのが上手です。たとえば、カメラの視点が動くと、映像の中のキャラクターや物体も自然に動きます。また「物が地面に落ちると壊れる」「ボールが壁にぶつかると跳ね返る」などといった、**物理法則に従った映像もかなりリアルに作ります。** これは、これまでの動画生成AIではとても難しかった部分で、Soraの大きな進歩と言えるでしょう。

　もちろん、Soraにはまだ改善が必要な部分があります。たとえば「雪が解けて水になる」などといった、やや複雑な動きはまだ少し不自然です。また、長い動画を作ると物体が突然現れたり消えたりするなど、現象としておかしくなることもあります。しかし、こうした課題も技術の進化とともにどんどん改善されていくでしょう。

» 悪用対策の仕組みを念入りに構築中

　Soraは、安全性への対策も時間をかけて進められています。たとえば、**生成された動画がAIによるものであることを判別するツールの開発が進んでいて、悪用を防ぐための仕組みも整えられつつあります。**フェイク動画が世の中に広がらないように対策しているのです。

» Soraの動向に注目しよう

　Soraはまだ始まっていませんが、その可能性は無限大です。**映画や広告、ゲームなどのさまざまな分野で活用される日が来る**でしょう。特に、クリエイターにとっては、新しいアイデアを簡単に映像化できる強力なツールとなります。そして、初心者でもアイデア次第でプロに負けない動画が作れるのです。

　すべての人に、Soraを活用して活躍するチャンスは開かれています。いまから注目しておきましょう。Soraがスタートしたら、読者の方にいち早くお知らせします。本書の巻末の「3大プレゼント」からぜひ登録をしておいてください。

6-5
Googleが開発した動画生成AI「Veo」はプロの映像制作者にお勧め

プロの映像制作を劇的に変えそうなGoogleの動画生成AI「Veo」。Soraと並んで映像革命をリードしそうなVeoの可能性を解説します。

》 1分以上の動画を生成できる本命サービス

　Googleが2024年5月に発表した「Veo（ベオ）」というツールも注目を集めています。
　大きな特徴は、ユーザーが入力したテキストや画像を基に、長さ1分以上の映像を作れることです。さらに、複数の指示をつなげて長い映像を作り出すことができたり、ストーリーの一貫性を保ちながら複雑なシーンを構築できたりと、これまでのAIモデルにはない魅力があります。
　他にも、ドローン撮影をしたかのような映像や早送りのような特殊効果も、簡単な指示をするだけで高品質な仕上がりになるなど、AIによる細かい編集機能がつけられています。

　このように、VeoはSoraに比べて、映像のプロフェッショナル向けにより力を入れて開発されていると言えるでしょう。どんな指示でどんな映像が作れるのか、ぜひチェックしてみましょう。

●Veo（公式サイト）
https://deepmind.google/technologies/veo/

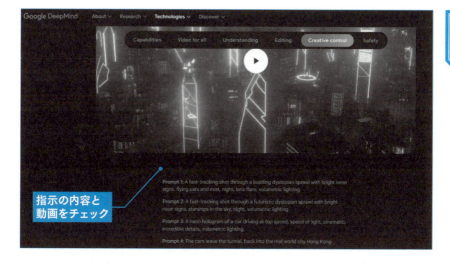

指示の内容と動画をチェック

» YouTubeの映像制作がもっと簡単に

　Veoのもう1つの特徴は、**YouTube向けの開発が進められている**ことです。YouTubeがGoogleのグループ企業なので連携できるのです。
　YouTuberにとっては、映像の制作や編集の負担を大きく軽減するツールになるでしょう。まずはYouTubeのショート動画に統合される予定です。

» 倫理的な配慮や著作権への対策もされている

　倫理的な問題や著作権の課題にもVeoは対応を進めています。Googleは独自のID技術を使って、Veoで作られた映像に特別なマークを付けるようにしています。それによって悪用やプライバシーの問題を防いでいます。また、著作権の侵害を防ぐためにもこのID技術は重要です。映像の出所を追跡できるようにして、誰が最初にそれを作ったのかがわかるようにしているのです。このような対策がされるので、安心してVeoを活用できるでしょう。

» 順番待ちができるのはアメリカ在住者だけ

　Veoはクリエイター向けの「VideoFX」プラットフォームで「順番待ちリスト」が公開されています。しかし現状はアメリカ在住のユーザー限定で、日本在住の人は使えません。一般公開を待ちましょう。

» 「Veo」の最新の動向をチェックしよう

　「Veo」は、映画や広告業界にとどまらず、SNSやYouTubeでの発信にも大きな影響を与えるでしょう。この技術を使うことで、高品質な動画を誰でも簡単に作れるようになるからです。
　さらに、新しいビジネスの形や、マーケティングの戦略を作り出す力も秘めています。特にYouTubeのショート動画への統合がいち早く進みそうなのでVeoにも注目していきましょう。

6-6

Meta社も参戦！ SNSを大きく変える「Movie Gen」の魅力

FacebookやInstagramを運営するMeta社も、動画生成AIに本格的に参入しました。SNSの発信に革命を起こしそうな「Movie Gen」を解説します。

» SNSでのコンテンツ作りがもっと楽に！

　2024年10月、FacebookやInstagramなどを手掛けるMeta社も動画生成AIの **「Movie Gen(ムービージェン)」** を発表しました。これはSNSに革命を起こすかもしれない新しい動画生成AIです。

　16秒までの高画質な動画を、まるで魔法のように簡単に作れます。 さらに、すでにある動画に対して、背景を変えたり、物を追加したりすることもできます。つまり、自分のアイデアを基に、動画を自分好みにアレンジできるようになります。難しい技術は必要なく、誰でも高品質な動画が簡単に作れるのです。

　映像制作のプロ向けには16秒だとやや短いですが、SNSの発信に使うには十分な長さと言えます。どんな指示でどんな動画が作れるのか、公式サイトをぜひ見てみましょう。

●**Meta Movie Gen（公式サイト）**
https://ai.meta.com/research/movie-gen/

指示の内容と動画をチェック

≫ 音まで自動でつけてくれる便利さ

　SNSで発信する動画を作るのに、音楽や効果音はとても重要です。Movie Genなら、動画に合った**BGM（背景音楽）や効果音も自動で作ってくれます。**最大で45秒までの音が生成されるので、動画にピッタリの音を自分で探す手間が省けます。音と映像の両方が一緒に楽しめるので、見る人により強い印象を与えられます。

≫ 2025年内に各SNSで使用可能に!?

　Movie Genはまだ一般公開はされていませんが、将来的にはFacebookやInstagramといったSNSで誰でも使えるようになるかもしれません。Meta社のCEOであるマーク・ザッカーバーグ氏は自分のInstagramで「来年Instagramにやってくる」と2024年10月にコメントしました。

　Movie Genがスタートすると、誰でも簡単に高品質な映像を作ってSNSで発信できる時代がやってきます。SNSでの表現がもっと楽しく自由になり、気軽に自分のアイデアを動画にできるようになります。
　また、企業にとってもターゲットに合った動画をすぐに作れるので、SNSマーケティングがもっと効率的になるかもしれません。Movie Genの動きにいまから注目していきましょう。

💡 第6章のポイント

◎ 無料で動画生成AIを試したい人には
「Dream Machine」「PixVerse」「Stable Video」の3つが
特にお勧め。これらのツールは無料で継続的に
動画を生成できるので、初心者でも気軽に楽しめる。

◎ Adobe社は大手企業として初めてベータ版の提供を開始した。
「Adobe Fireflyビデオモデル」で、
誰でも無料で動画生成AIを試すことができる。

◎ OpenAI社の「Sora」は、テキストや画像から
最大1分のリアルな動画を作るケタ違いの技術力を持ち、
三次元空間や物理法則の再現も可能。映画や広告など、
クリエイティブ業界での利用が期待されている。

◎ Googleの「Veo」は1分以上の長い映像を生成できるツールで、
YouTube向けの開発も進んでいる。
ドローン撮影や特殊効果を簡単に取り入れられ、
プロの映像制作者向けにも大きな可能性がある。

◎ Meta社の「Movie Gen」は、SNS向けの動画生成に
革命をもたらす可能性を秘めている。
16秒までの動画を簡単に作成できる。SNSマーケティングや
企業のプロモーションにも大きな影響を与えそう。

「AIと著作権」についてのQ&A②

P142に引き続き、AIと著作権についての質問や疑問、不安などにお答えします。

Q3 AIで自分が作ったものが偶然、別の人の作品と似てしまったら、著作権の侵害になりますか？

A あなたが別の人の作品を知らず、あなたの作品と別の人の作品が似ていることが後からわかったとしても、著作権の侵害に直結するわけではありません。

著作権の侵害になるかは「似ているか（類似性）」「その作品を拠り所としたか（依拠性）」で判断します。両方とも認められれば、それは著作権の侵害になりえます。

片方だけであれば侵害にはなりません。たとえば「参考にはしたけど似ていないケース」「似てはいるが、拠り所にしていないケース」などがあります。

ただし、最終的には裁判による個別の判断になります。**意図的に似せようとせず、自分オリジナルの創作物を作ることを心がけましょう。**

第**7**章

まだまだある！
仕事をもっと楽にする
「無料」で使える
AIツール4選

　AIの進化によって、私たちの仕事や生活は大きく変わっています。ここまで紹介した「文章」「検索」「画像」「動画」以外でも、生成AIはとても役立ちます。

　7章では、ここまで紹介していない「文字起こし・議事録」「デザイン作成」「音楽」「分身アバター」の分野で、無料で使い続けられるものを中心に紹介します。ぜひ自分に合ったAIサービスを見つけてください。

7-1 「文字起こし」や「議事録」も AIを使えばあっという間に完成！

面倒な文字起こしや議事録作りも、いまではAIがスピーディーにやってくれます。AIを活用して、効率的に作業を進められるお勧めの方法を解説します。

「Gladia」を使えば、文字起こしも簡単

　AIによる音声認識の精度が上がってきて、AIによる文字起こしや議事録作りも仕事に使えるレベルになってきました。

　さまざまなサービスが開発されていますが、無料で使い続けられるサービスの中で、一番精度が高く使いやすいと感じるAI文字起こしのサービスが「Gladia（グラディア）」です。会議の録音やインタビューの音声を、瞬時に文字にしてくれます。運営は、2022年創業のフランスの企業です。さまざまな言語に対応していて、日本語を認識する精度も高いです。

無料プランでも毎月10時間、使える！

　無料プランでも**毎月10時間**も文字起こしができます。**話し手の区別、リアルタイムの文字起こし、必要のない言葉のカット**など、無料プランでも充実した機能が揃っています。ぜひ使ってみましょう。

　ただしGladiaのWebサイトは英語しかありません。英語が苦手な方はGoogle翻訳などを使いましょう。

●Gladia（公式サイト）
https://www.gladia.io/

高機能でたくさん使いたいなら有料プラン

　有料プランは時間あたりの課金制です。1時間の音声あたり約0.612ドルです。リアルタイムの文字起こしは、追加で0.144ドルです。

　容量や長さが無制限でファイルをアップできたり、単語単位でタイムスタンプが作れたり、よく使う単語を登録できたりと、より高機能な文字起こしが長時間できるようになります。

» 議事録はChatGPTやGeminiに任せよう

　会議の議事録作りはこれまで多くの手間と労力がかかっていました。でも、Gladiaなどで文字起こしができたら、その文字をChatGPT（P70）やGemini（P91）などに議事録にしてもらえます。扱える文字数が増えてきたので、議事録作りも仕事で使えるレベルになってきました。

　議事録作りは、指示の工夫が必要です。単に「議事録を作成してください」と指示するのではなく、「参加者名」や「重要な議題」も具体的に指示に入れます。そうすると、より精度の高い議事録ができます。

　ChatGPTやGeminiは文脈を理解し、適切な言葉を選んで日本語を校正してくれます。**業界用語や専門用語が含まれていても、正確で読みやすい議事録に仕上がります。**ただし、AIの文字起こしも議事録作りも完璧ではないので、最終チェックは人間の責任で行いましょう。

» 文字数が多いときは工夫が必要

　長時間の会議では、特にChatGPTの場合は文字数の制限に気をつける必要があります。文字数が多い時はChatGPTの有料版を使いましょう。**有料版ならファイルを添付でき、10万文字ほどなら読み込めます。**

　さらに長い文字起こしをしたい場合は、Geminiがお勧めです。Geminiのほうがより長文を処理できます。

　AIによる文字起こしや議事録作りは、仕事に欠かせないツールになってきています。年々どころか日進月歩で精度が上がっています。ぜひ積極的に使ってみましょう。

7-2

デザインツール「Canva」のAI機能でプロのようなデザインがサクッと作れる

デザインが苦手な人に、デザイン作成ツール「Canva」のAI機能が役立ちます。短時間で美しいデザインを作る方法を解説します。

» Canvaは無料プランがとても充実！

「**Canva**(キャンバ)」は、初心者でも魅力的なデザインをオンラインで簡単に**作れるデザイン作成ツール**です。生成AIのサービスではないのですが、AIを使った機能が充実しているので紹介します。

Canvaは、Web版とスマホのアプリ版があります。そして、無料プランと有料プラン(月々1,180円、年払い11,800円)がありますが、無料プランがとても充実しています。

さらに、ユーザーが作ったコンテンツの権利は**そのユーザーに帰属**するため、商用利用もできます。その点も使いやすいです。

» 日本語にもしっかり対応！

Canvaはオーストラリアの会社が運営していますが、日本語にも対応しています。たくさんの無料のテンプレート・写真・フォントなどが準備されているので、いろいろなデザインを簡単に作れます。まだ使ったことがない方は、まずは無料版から使ってみましょう。

●Canva(公式サイト)
https://www.canva.com/ja_jp/

詳しい使い方が、公式サイトで解説されていて便利です。

●**Canvaの使い方とデザイン方法！（公式サイト）**
https://www.canva.com/ja_jp/learn/how-to/

» 豊富なAI機能で制作を強力サポート

　Canvaは積極的にAI機能を取り入れています。AIアシスタントの機能があり、右下のクエスチョンマークを押すと、AIが操作などについて教えてくれます。

他にも無料で使えるAI機能を紹介すると、たとえば**「マジック作文」**は、AIを使って簡単に文章が書けます。キャッチフレーズやブログの冒頭など、すぐに文章を作りたいときなどに役立ちます。

　使い方は以下の通りです。無料プランでも50回、お試しすることができます。

▶ デザインに慣れていない人こそお勧めのツール

　このように、CanvaのAI機能を使えば、デザインに慣れていない方でも、素敵なデザインを短時間で作れます。AI機能を使ったことがない方もぜひ一度試してみましょう。

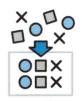

» 7-3

AIが作詞・作曲・演奏・歌まで！
音楽生成の「Suno AI」を使ってみよう

作詞・作曲から演奏、歌唱まで、プロ並みの楽曲がAIで誰でも作れる「Suno AI」の魅力を紹介します。

» 誰でも「音楽プロデューサー」に！

「Suno AI」は、作詞、作曲、演奏、そして歌唱まで自動でAIがしてくれる音楽生成サービスです。アメリカのSuno社が運営しています。

ユーザーが文章で指示をするだけで、AIが短時間で完成度の高い楽曲を作成してくれます。音楽の知識がなくても、誰でも手軽にプロのような楽曲を作れるのが大きな魅力です。

» 無料で毎日10曲を作れる

無料プランでも毎日50クレジットがもらえ、毎日10曲を作ることができます。無料プランは非営利目的でのみ、作った音楽を使えます。

月々10ドルからの有料プランにすれば、月に500曲作れて商用利用もできます。SpotifyやApple MusicなどへのアップロードもOKなのです。

» 誰でも使えるほど操作が簡単

Suno AIの基本操作はとても簡単なので、ぜひ使ってみましょう。「カスタム」設定で、歌詞や音楽のスタイルなどを自分で指示できる作り方を解説します。

ただしSuno AIのWebサイトは英語しかありません。英語が苦手な方はGoogle 翻訳などを使いましょう。AIへの指示は日本語で問題ありません。

●Suno AI（公式サイト）

https://www.suno.com/

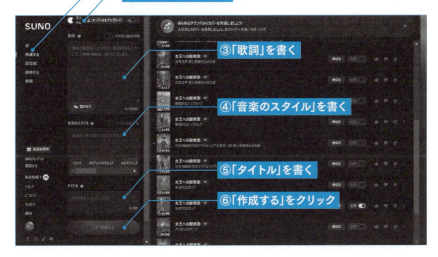

ここには書ききれないほど、高度な機能もSuno AIにはついています。

Suno AIがあれば、音楽の理論や技術に自信がなくても、プロ級の楽曲を簡単に作ることができるのです。もちろんプロの方にもお勧めです。

仕事やSNSなどに使う音楽も、AIを使って自分で作れるようになりました。ぜひ積極的に活用しましょう。

» 7-4

あなたの分身が無料で作れる！ 「HeyGen」でAIアバターを作成しよう

AIアバター動画の「HeyGen」を使えば、誰もが驚くようなAIアバターを作ることができます。急速に進化している分野なので、詳しく説明します。

簡単&無料で高クオリティー！

» 話している動画をアップするだけ！

アバター動画をAIで作る「AIアバター動画」サービス、それが「HeyGen」です。「AIアバター動画」というのは、**自分が話している動画をHeyGenのサイトにアップロードするだけで、話し方や表情・声質などをAIが学習して、アバター化してくれる**のです。他にも、動画を他の言語に翻訳して、別の言語の動画に変換するサービスもあります。

無料プランでも３分までのアバター動画が毎月３つまで作成できます。また、自分のアバターが１つ作れます。ぜひ使ってみましょう。

» 現状は英語表記のみ

ただしHeyGenはアメリカの会社で、Webサイトが英語しかありません。Google 翻訳などを使ってもサイトが日本語にならないのが難点です。英語が苦手な方は、日本語で読みたい文章ごとに翻訳をかけましょう。

●HeyGen（公式サイト）

https://www.heygen.com/

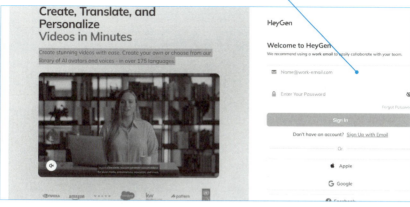

ここからアカウントを作る

準備されているアバターで作る
自分のアバターを作る
多言語の翻訳動画を作る

これを見ればアバターの制作手順は完ぺき！

≫ 自分の分身アバターを作ってみよう

　以前は自分の分身アバターは有料プランでしか作れませんでしたが、無料プランでも作れるようになりました。作る手順を解説します。

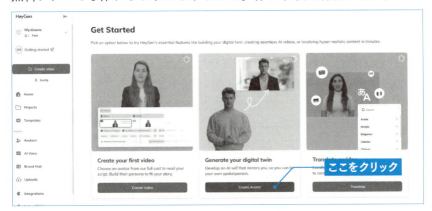

　まずはGenerate your digital twinの「Create Avatar」をクリックします。画面が切り替わった後は、以下の2つの手順を行います。

❶「Get Started」をクリック
❷「Still」「Motion」のうち、「Still」を選択
❸ 手順の説明を動画かテキストどちらがいいのか選択する画面に移動するので、「テキスト」（右側）を選択

「Still」を選ぶと、ほぼ静止している自分の分身アバターが作れます（「Motion」を選ぶと、動くアバターが作れます）。アバター動画で発信するには「Still」の方が使いやすいので、ここでは「Still」の方を解説します。

　また、手順の説明を「動画」で確認するか「テキスト」で確認するかを選べます。英語が苦手な人は動画よりもテキストを選んで、翻訳することをお勧めします。テキストの手順の説明ページは右になります。

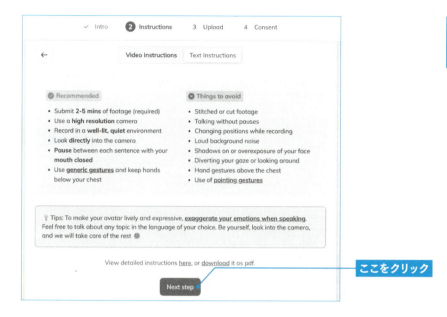

ここをクリック

この手順の説明ページがGoogle 翻訳などでページ全体の翻訳ができません。ここで挫折する方が多いので、翻訳も載せておきます。

推奨	避けるべきこと
●**2～5分**の映像を提出する（必須） ●**高解像度**のカメラを使用する ●**明るく静かな**環境で録画する ●カメラを**直接見つめる** ●それぞれの文の間で、 　**口を閉じたままで一時停止する** ●手を胸より下に置き、 　そのままにする	●つなぎ合わせたり、 　カットしたりした映像 ●間を置かずに話す ●録画中に位置を変える ●背景での大きな雑音 ●顔に影がかかったり、 　露出が過多になったりしている ●視線をそらしたり、 　周囲を見回したりする ●胸より上での手のジェスチャー ●指さし動作の使用

💡ヒント：アバターを生き生きと表現豊かにするには、**感情を大げさに表現して話してください。**ご自身の好きな言語で、どのようなトピックについてでも自由に話してください。ご自身らしく、カメラを見つめてください。それだけで十分です。😊

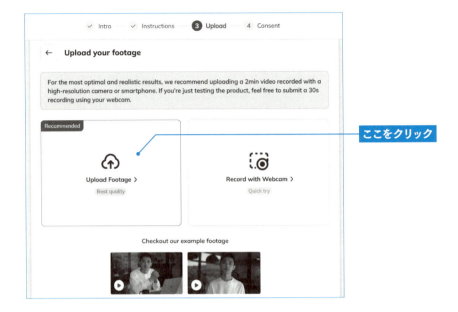

　次に「Upload Footage（撮影した動画をアップロード）」か「Record with Webcam（ウェブカメラで録画する）」を選びます。すでにある動画を選んだり、何度も撮り直したりできるので、撮影した動画をアップすることをお勧めします。

　画面上の枠にはこう書かれています。

最適かつ現実的な結果を得るには、高解像度のカメラまたはスマートフォンで撮影した2分間の動画をアップロードすることをお勧めします。製品をテストするだけの場合、ウェブカメラを使用して30秒間の録画を送信してください。

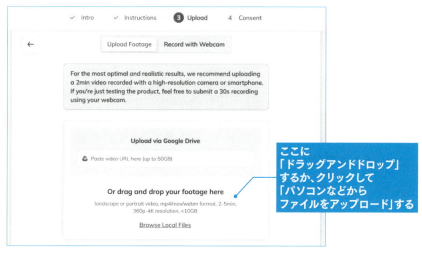

あと少しです。別で撮影した2〜5分の動画をここにアップロードします。注に書かれている条件を守ってください。こう書かれています。

縦または横の動画、mp4/mov/webm形式、2〜5分、
360p〜4K解像度、10GB未満

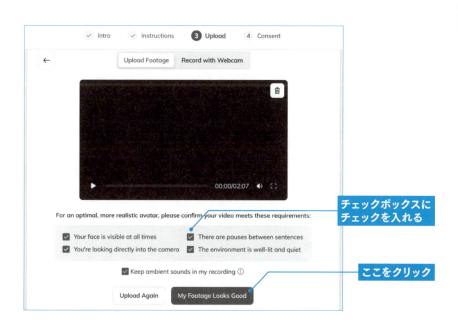

アップロードをした動画が要件を満たしているかを確認します。前ページの4つの要件は必ずチェックが必要です。以下が要件を翻訳したものです。

最適でよりリアルなアバターを作成するには、ビデオが以下の要件を満たしていることをご確認ください。

☐顔が常に表示されている　　☐文章の間に間がある

☐カメラを直接見ている　　　☐環境が明るく静かである

☐録音時の周囲の音を残す

» 同意の動画は録画が不可なのでその場で撮影しよう

　最後の手順です。他人が自分のアバターを勝手に作れないようにするために、動画が自分のものであるという同意をします。同意は録画ではできずWebカメラかスマートフォンでその場で撮影します。ここではWebカメラのやり方を解説します。

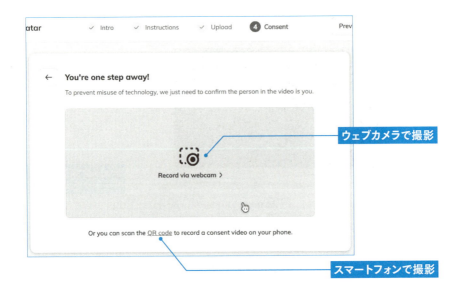

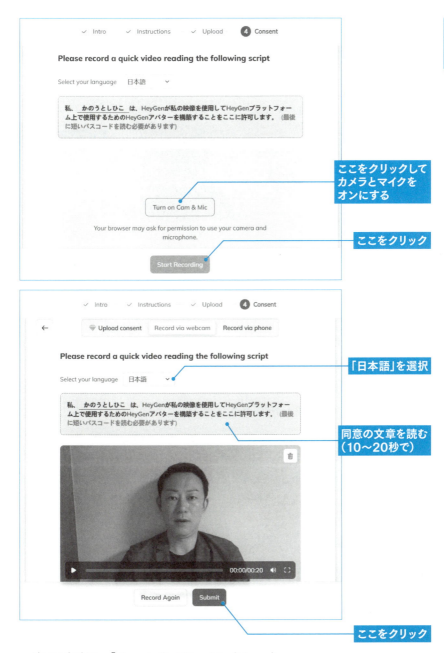

次の画面で、「Done」をクリックしましょう。

あとは、数分待てば自分の分身アバターが完成します！

» テキストを打ち込めば分身がしゃべり出す！

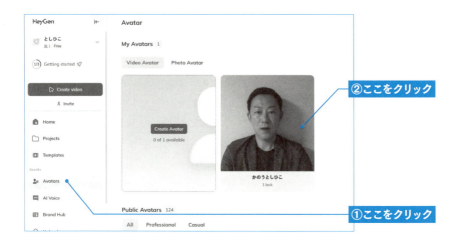

　サイドバーの「Avatars」の「My Avatars」に作ったアバターが載ります。アバターをクリックして編集画面に行き、テキストなどを入力すれば、テキストに合わせて分身アバターがしゃべります。

　自分の声もサイドバーの「AI Voice」のところに載ります。それを使えば、自分の声でアバターがしゃべります。

　このように、自分の分身アバターが無料で作れてしまうのです。サイトが英語しかなく、Google 翻訳などでページごと日本語にできないのがネックですが、慣れれば簡単です。ぜひ自分のアバター作りにチャレンジしてみましょう。

» 自分の分身が、代わりにZoomで話す！

　有料プランは月々29ドルからあります。5分までの動画が無制限に作れます。

　月々89ドルのプランだと、自分のアバターがリアルタイムで会話をしてくれる「インタラクティブ・アバター」が1つ作れます。**自分のアバター**

がHeyGenのサイト上やZoomで、自分の代わりにコミュニケーションをするのです！　まだベータ版（お試し版）ですが、今後の進化に注目しましょう。

　このすごさは体験すると実感できます。私の分身AIとぜひ話してみてください。P36にURLを載せています。

　インタラクティブ・アバターを作るのには月々89ドルかかりますが、作り方は難しくありません。**サイドバーの「Labs」⇒「Interactive Avatar」⇒「New Avatar」で、アバター制作画面に行けます。**

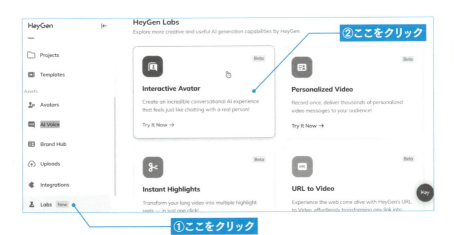

　あとは、P178で紹介した自分の分身アバターを作るのとほぼ同じ手順でインタラクティブ・アバターを作ることができます。まだ不自然なところは多いですが、実用化も近いと感じます。最先端を行きたい方はぜひいまからチャレンジしてみましょう。

» 商用利用もできるので安心

　作った動画の権利は自分のものになり、商用の利用ができるのもHeyGenの魅力です。規約には「HeyGenは、お客様のユーザー入力またはユーザー出力に対する所有権を主張せず（中略）ユーザー出力を（商業目的を含む）お客様の目的で使用する能力を制限しません」と書かれています。

　HeyGenは「自分の分身AIが代わりに働く」という、これまでSFなどで描かれていたような未来を私たちに見せてくれています。ぜひいまから積極的に活用していきましょう。

第7章のポイント

◉ AIで「文字起こし」や「議事録作成」を劇的に効率化できる。
特に「Gladia」は無料で毎月10時間の文字起こしができて、
日本語の精度も高い。

◉ デザインが苦手な人にもプロにもデザイン作成ツールの
「Canva」が便利。無料で豊富なテンプレートがあるほか
AI機能を使って、プロ並みのデザインを短時間で作れる。

◉ 音楽生成AI「Suno AI」は、作詞・作曲から歌唱まで
AIがすべてやってくれる。無料で毎日10曲作れるので、
誰でも音楽プロデューサー気分になれる。

◉ 「HeyGen」を使えば、自分の分身アバターを
無料で作成できる。
自分のアバターがZoomで代わりに話す機能も始まり、
自分の分身AIが代わりに働いてくれる未来を予感させる。

おわりに

あなたの可能性は
AIでさらに広がる

　生成AIは、私たちの生活や仕事の一部になりつつあります。でも、その影響は、ライフタイルや働き方の変化だけではありません。

　私が考える一番の影響は、**AIをうまく使うことができたら、これまで気づかなかった「新しい自分」や「自分の可能性」に出会える**ことです。

　たとえば、外国語が苦手だった方も、AIに翻訳してもらえば**世界中の人とスムーズにコミュニケーションができる時代**になりました。英語だけでなく、あらゆる言語をAIがサポートしてくれます。そのおかげで、使っている言葉に関係なく、人と出会ったりビジネスをしたりできるのです。まるで世界が1つにつながったように感じる瞬間を、AIはこれからますますもたらしてくれます。

　イラストや映像、音楽やデザインなど、**これまで専門性やセンスがないとできないと思われていたことも、AIによって誰でも簡単にチャレンジできる**ようになりました。

　文章を書くのが苦手でも、AIが一緒に考えて書いてくれるから、あっという間に素敵な作品が完成します。私の周りでも「本を書くのが夢だった」「いつか絵本を作ってみたかった」という方が、その夢をたくさん叶えています。

　私自身も「AI画家」としてイラストを描いて販売したり、「AI音楽プロデューサー」としてプロの方と一緒に音楽を作ったり、「AI漫才コンビ」といち早く名乗って活動を始めたりと、自分が「いつかやってみたい」と憧れていたことができるようになりました。

あなたのアイデアや感性を活かした表現が、これまで以上に簡単かつ楽しくなります。AIによって「新しい自分」を発見して、活躍していく方がこれからますます増えていくでしょう。そしてそれは、本書を真剣にここまで読んでくださっている、あなたかもしれないと私は予感しています。

最後にあなたに質問があります。

AIがあなたの可能性を最大限に広げてくれるとしたら、あなたがやりたいことは何ですか？

AIは私たちの働き方やキャリアも大きく変えていきます。単純な作業をAIに任せることで**「本当にやりたかったこと」にあなたは意識を向けられるようになります。**さらにAIは、新しい仕事や役割をどんどん生み出します。可能性は、自分次第で無限に広げることができるのです。

あなたの新しい一歩のためのヒントやインスピレーションを、本書が少しでも手助けできたなら幸せです。最後まで読んでいただき、本当にありがとうございました。

近々、あなたとお会いできるのを楽しみにしています。そしてそのときは、AIアバター同士だけでなく、リアルな人間同士でもお会いしましょう。

加納 敏彦

Profile

加納敏彦
AI実践家、コーチ、お金の専門家

2018年、金融商品を販売しない完全中立なお金のアドバイザーとして、大手金融機関から独立。

相続・資産運用から結婚・離婚の相談、AIやNFTを活用した副業・起業の相談まで、真の願望を実現させるコーチングを行っている。

企業向けにはChatGPTの社内導入コンサルティングや研修、NFTを使った資金調達のサポートなど、最新技術を使った業績アップや社員教育に力を入れている。

学生向けには、椙山女学園大学2024年前期の選択必修科目「社会関与プロジェクトB」においてゲスト講師を務め、AIを活用した社会参画とキャリア形成をテーマに学生を指導。社会で活躍する次世代の育成にも取り組んでいる。

AIとWeb3が進化した未来に、資本主義の先の「優しい世界」を創るというビジョンの実現に向けて精力的に活動中。

著書に『初心者でもOK ゼロから稼げるChatGPT入門』『揉めない損をしない プロが教える相続の手続きと対策のすべて』『親・身内が亡くなった後の届出・手続きのすべて』（きずな出版）、『NFT・メタバース・DAOで稼ぐ！』（かんき出版）がある。

金融やAIなどの難しいテーマを、わかりやすく易しく解説した文章で人気になっている。

【執筆協力】本書を執筆するにあたって、以下の方にたくさんの協力をいただきました。本当にありがとうございます。

> 法律のチェック：弁護士の藤原寿人先生
> 執筆協力：かえる合同会社の米田正明さん
> 編集：森公哉さん、櫻井友里惠さん
> ファクトチェック：たいすけさん